Casa dos Sonhos
A VIDA DE
LUCY MAUD MONTGOMERY

Liz Rosenberg

Casa dos Sonhos
A VIDA DE
LUCY MAUD MONTGOMERY

Tradução
Patricia N. Rasmussen

Principis

Copyright © Liz Rosenberg, 2021.
Esta é uma publicação Principis, selo exclusivo da Ciranda Cultural
© 2021 Ciranda Cultural Editora e Distribuidora Ltda.

Traduzido do original em inglês
House of dreams: the life of L. M. Montgomery

Produção editorial
Ciranda Cultural

Texto
Liz Rosenberg

Diagramação
Linea Editora

Tradução
Patricia N. Rasmussen

Design de capa
Ana Dobón

Revisão
Fernanda R. Braga Simon
Agnaldo Alves

Imagens
Dina Saeed/shutterstock.com

Dados Internacionais de Catalogação na Publicação (CIP) de acordo com ISBD

R813c	Rosenberg, Liz
	Casa dos sonhos: a vida de Lucy Maud Montgomery / Liz Rosenberg ; traduzido por Patrícia N. Rasmussen. - Jandira, SP : Principis, 2021.
	240 p. ; 15,5cm ; 22,6cm. - (Biografias)
	Tradução de: House of dreams: the life of L. M. Montgomery
	ISBN: 978-65-5552-247-1
	1. Biografia. 2. Lucy Maud Montgomery. I. Rasmussen, Patrícia N. II. Título. III. Série.
	CDD 920
2020-2966	CDU 929

Elaborado por Vagner Rodolfo da Silva - CRB-8/9410

Índice para catálogo sistemático:
1. Biografia 920
2. Biografia 929

1ª edição em 2021
www.cirandacultural.com.br
Todos os direitos reservados.
Nenhuma parte desta publicação pode ser reproduzida, arquivada em sistema de busca ou transmitida por qualquer meio, seja ele eletrônico, fotocópia, gravação ou outros, sem prévia autorização do detentor dos direitos, e não pode circular encadernada ou encapada de maneira distinta daquela em que foi publicada, ou sem que as mesmas condições sejam impostas aos compradores subsequentes.

Sumário

Uma curva na estrada 7

Uma dor antiga 11

"Muito perto de um reino de beleza ideal" 22

Os anos felizes 31

Espaço para sonhar 36

Conte nove estrelas..43

"Querido Pai" e Prince Albert......................................50

O comprimido dentro da geleia 63

O ano mais feliz 67

Professora em Bideford...72

Halifax! 81

Belmont e os Simpsons Simpsônios...............................87

Ano de louca paixão...96

De volta à casa dos sonhos 109

A criação de Anne... 121

"Sim, eu compreendo que a jovem dama é escritora"........ 136

"As que os deuses desejam destruir" 150

Um mundo mudado 165

Uma mulher que "não podem ludibriar, intimidar nem persuadir" 181

Passando por cima das regras 190

Fim da jornada 207

Epílogo 222

Cronologia da vida de L. M. Montgomery 226

Referências de fonte 233

Bibliografia 236

Agradecimentos 238

Uma curva na estrada

Em uma tarde no final de junho de 1905, Maud Montgomery estava sentada na cozinha da casa de sua avó, escrevendo. Não estava sentada *à* mesa da cozinha, mas, sim, em cima da mesa, com os pés apoiados no sofá ao lado e o caderno sobre os joelhos. Dali ela poderia pular se aparecesse alguém para buscar correspondência, o que era bem provável que acontecesse, pois a cozinha também funcionava como correio de Cavendish, um pequeno vilarejo à beira-mar na Ilha do Príncipe Edward.

Maud estava com 30 anos, mas parecia mais jovem, pouco mais que uma adolescente. Tinha grandes olhos azul-acinzentados expressivos, com cílios longos e uma boca pequena que às vezes ela cobria com a mão, pois não achava seus dentes bonitos. Era de estatura mediana, esguia, asseada e empertigada. Maud tinha orgulho de seus cabelos brilhantes, uma característica que havia herdado da falecida mãe. Quando os soltava à noite para dormir, eles chegavam abaixo dos joelhos, em suaves ondas castanhas.

Mas na maior parte do tempo ela os usava presos, sob os chapéus mais estilosos que conseguia encontrar.

Naquele momento, Maud estava trabalhando em uma nova história. Embora tivesse apenas começado, já se sentia transportada para outro mundo – um lugar parecido com Cavendish ao qual daria o nome de Avonlea. Alguma coisa naquela história e sua heroína órfã e inquieta ("por favor me chame de Anne, com *e* ") envolvera Maud desde o início. As palavras fluíam com facilidade em seu caderno. Sua caligrafia nunca fora mais forte e mais confiante. Maud começou a história não com sua famosa heroína ruiva, mas com a própria cidade de Avonlea e a arguta senhora Lynde, que vigiava o lugar. Escreveu rapidamente uma frase de abertura, que acabou por formar um parágrafo:

A senhora Rachel Lynde morava bem no ponto onde a rua principal de Avonlea se inclinava numa leve depressão, margeada de amieiros e brincos-de-princesa e atravessada por um riacho cuja nascente ficava no bosque da velha propriedade de Cuthbert; tinha a fama de ser um riacho sinuoso e com forte correnteza em seu curso pelo bosque, com segredos sombrios, piscinas naturais e cascatas; mas, quando chegava ali, ao Recanto de Lynde, era um córrego calmo e comportado, pois nem mesmo um riacho poderia passar pela porta da senhora Rachel Lynde sem a devida consideração pela decência e decoro; provavelmente tinha consciência da presença da senhora Rachel sentada à janela, de olho em tudo o que passava, desde riachos até crianças, e sabia que, se ela notasse qualquer coisa estranha ou fora do normal, não descansaria enquanto não investigasse os porquês, quandos e comos.

O dia estava deslumbrante depois da chuva, e o sol da tarde incidia através da janela bem sobre a mesa onde ela estava. Seu estado de espírito estava como o clima – brilhante num momento, sombrio no outro. Junho era o mês favorito de Maud. Era quase possível avaliar a felicidade dela pelos meses de junho. Ela escrevia sobre junho mais do que sobre todos os outros meses juntos, nomeando cada uma de suas belezas. Quando a primavera finalmente se espalhava pela costa norte da Ilha do Príncipe Edward, Maud abandonava seu pequeno e escuro "quartinho de inverno" no andar térreo e ia para cima, onde podia escrever e sonhar sem interrupções. Ninguém mais subia lá; reclusa, Maud era a rainha e única habitante de seu domínio primaveril. Mas agora estava trabalhando às claras, concentrada em sua nova história, deslizando a caneta sobre o papel no ritmo de seus pensamentos.

Ela tinha acabado de chegar ao ponto onde a intrometida senhora Lynde se questionava sobre o tímido vizinho, Matthew Cuthbert, que vinha saindo com sua égua alazã, usando seu melhor terno:

"E agora, para onde estaria indo Matthew Cuthbert e por quê?"

Exatamente nesse momento, Maud foi interrompida. O novo pastor da cidade, Ewan Macdonald, passou para pegar sua correspondência. Maud colocou o caderno de lado. Ewan era um cavalheiro solteiro gentil que havia se mudado recentemente para Cavendish e ocupava um quarto próximo à Igreja Presbiteriana, vizinho à propriedade dos Macneills, avós de Maud. Era frequentador assíduo do correio. Para Maud, o jovem pastor parecia um pouco solitário. Era bem-educado, com um futuro promissor. Ewan Macdonald atraía a atenção das moças da vizinhança com seu cabelo escuro ondulado, covinhas e um charmoso sotaque gaélico. O sotaque era especialmente atraente para Maud, já que ela crescera ouvindo contos românticos da Escócia, terra de seus antepassados.

Um pastor bonito e solteiro era alvo natural de comentários. As moças de Cavendish tinham a fama de serem "loucas por ele", e muitas não disfarçavam isso. Maud não era uma delas. Gostava do tímido escocês e apreciava sua companhia, mas não estava à procura de um pretendente. Já recebera pedidos de casamento, mas o que queria mesmo era fazer novos amigos. Maud acolhia com prazer a companhia do novo pastor e gostava de conversar com ele. Se por acaso se sentia encantada – ou interessada –, não demonstrava, o que era um alívio para Ewan Macdonald, que acabara de escapar por pouco de casar-se com uma mulher afoita demais em outra cidade.

Os Macneills sempre haviam sido protestantes convictos. Maud era a organista da igreja; era alegre, inteligente, e ela e Ewan sempre tinham assunto para conversar. Ewan ficou ali até começar a escurecer; somente quando a cozinha mergulhou nas sombras é que ele relutantemente se despediu, levando suas cartas. Maud pegou o caderno e o levou para cima.

Ela havia chegado a uma curva na estrada – embora naquele momento não conseguisse enxergar isso. Parecia ser apenas o fim de um dia vibrante de junho. Tinha um novo amigo e estava começando uma nova história. Maud não tinha como saber que absolutamente tudo em sua vida estava prestes a mudar.

Uma dor antiga

Lucy Maud Montgomery – "chame-me de Maud sem *e*", ela sempre insistia, descartando o "Lucy" – cresceu orgulhosa de suas longas e profundas raízes na história da Ilha do Príncipe Edward.

Nas frias noites canadenses, a família Macneill se reunia na cozinha, ao redor do antigo fogão à lenha, para conversar. E conversavam. A pequena Maud se sentava nos joelhos de sua tia-avó Mary Lawson, com olhos muito atentos. Tia Mary Lawson era uma maravilhosa contadora de histórias. Contos de antigos ressentimentos, namoros e aventuras eram discutidos com a mesma veemência quanto as fofocas da manhã. Essas velhas histórias forneceram a Maud as primeiras informações sobre suas origens e sobre quem ela poderia tornar-se. Ela nunca as esqueceu. Maud passou a conhecer seus ancestrais tão bem quanto conhecia seus próprios vizinhos.

No início dos anos 1700, a trisavó de Maud, Mary Montgomery, enjoada pela viagem no mar, desembarcou na Ilha do Príncipe Edward por alguns minutos para descansar e, para horror do marido, recusou-se a voltar ao navio com destino a Quebec. Ele pediu, implorou, ficou bravo, mas ela não cedeu. Bem ali, na Ilha do Príncipe Edward, eles ficariam, e ficaram. A história da família de Maud começou com a teimosia de uma mulher determinada e cansada de sentir enjoos.

A linhagem dos Montgomerys remontava ao conde escocês de Eglintoun – uma conexão duvidosa, mas à qual o pai de Maud se apegou. (Ele um dia daria à sua casa o nome de Eglintoun Villa.) O avô paterno de Maud, Donald Montgomery, era um conservador convicto. Ele considerava como seus amigos o primeiro-ministro do Canadá e os líderes do Partido Conservador. Donald Montgomery foi membro do legislativo da Ilha do Príncipe Edward por mais de quarenta anos, e depois do Senado por outros vinte, até sua morte, aos 86 anos de idade. Era conhecido simplesmente como "o Senador".

O Senador tinha na cornija da lareira de sua casa dois cachorros de porcelana com pintas verdes. Segundo o pai de Maud, toda vez que o relógio tocava as doze badaladas da meia-noite, eles saltavam dali para o tapete. A história – e os cães de porcelana – encantavam a pequena Maud. Por mais pacientemente que ela observasse, porém, nunca chegou a ver os cachorrinhos criar vida. Mas também nunca os esqueceu. Anos depois, em sua lua de mel, ao deparar-se com dois cachorros de porcelana numa loja de antiguidades, ela os comprou para levá-los para casa e decorar sua estante de livros. Eram lembretes vívidos e altaneiros de sua família paterna.

Do lado materno, os Macneills eram igualmente conhecidos e respeitados – todos eles Liberais dedicados, ou Grits. Isto os colocava em oposição política aos Montgomerys. Nisso e em muitos outros aspectos, Maud se via frequentemente dividida entre duas forças poderosas e contraditórias.

A trisavó materna de Maud, Elizabeth, era tão obstinada quanto a que sofrera enjoos no mar — porém não tão bem-sucedida em influenciar o marido. Ela detestava a Ilha do Príncipe Edward. "Sofria de uma profunda e dolorosa saudade de casa, a ponto de se comportar com rebeldia. Durante semanas recusou-se a tirar a touca da cabeça, usando-a o tempo todo enquanto andava pela casa, exigindo imperiosamente ser levada de volta. Nós, crianças, que ouvíamos a história, não cansávamos de especular se ela tirava a touca à noite e a colocava novamente de manhã ou se dormia com ela."

O vilarejo natal de Maud, Cavendish, na costa norte central da Ilha do Príncipe Edward, foi fundado no final do século XVIII por três famílias escocesas: os Macneills, os Simpsons e os Clarks. Na época de Maud, conforme ela mesma percebeu, estas três importantes famílias eram tão unidas por casamentos entre seus membros que era necessário ser nascido ou criado em Cavendish para saber se era seguro ou não criticar alguém. Havia um ditado corrente um tanto desagradável sobre essas famílias: "Deus nos livre do esnobismo dos Simpsons, da soberba dos Macneills e da presunção dos Clarks".

Maud pertencia aos "soberbos" Macneills. Ela afirmava que sua "habilidade para escrever... e gostos literários" vinham desse lado materno da família. Seu bisavô materno, William Simpson Macneill, era um importante orador da Câmara dos Comuns – dizia-se que ele conhecia pelo nome cada homem, mulher e criança da Ilha do Príncipe Edward. Até mesmo seu retrato tinha uma aparência tão impressionante que um de seus sucessores, ainda intimidado por ele cem anos depois, acabou por mandar tirá-lo da parede e guardá-lo.

Um dos onze filhos do Orador tornou-se um ilustre político; outro, um conceituado advogado; mas Alexander Macneill, avô de Maud, era apenas um fazendeiro e encarregado do correio local. Dizia-se que ele tinha muitas das melhores qualidades do Orador – eloquência, dignidade, inteligência –, mas também suas fraquezas, em um grau bem sério. O avô Macneill era altivo, tirânico, hipersensível e de língua afiada. Arrumava brigas com a família e com os vizinhos que se tornavam rixas de longo prazo.

Sem dúvida, o avô Macneill tinha orgulho de sua inteligente neta Maud, mas seu método era elogiar em particular e intimidar ou ridicularizar em público. Maud acabou sabendo pelos primos que seu severo avô murmurava frases elogiosas por trás de suas costas.

Maud se ressentia do modo cortante do avô Macneill. Detestava a maneira como ele zombava dela e a depreciava – e ele não conseguia evitar fazer isso. A personagem literária mais famosa de Maud, Anne Shirley, compartilha de sua aversão: "o sarcasmo, em um homem ou em uma mulher, era a arma que Anne temia. Sempre a machucava… causava bolhas em sua alma que ardiam durante meses". Da mesma forma, a fictícia Menina das Histórias jura nunca caçoar de uma criança: "… é abominável ser ridicularizada… e os adultos sempre fazem isso. Eu nunca agirei assim quando for adulta. Eu me lembrarei disso para sempre".

Maud tinha orgulho de sua família, mas seu legado estava longe de ser fácil. De ambos os lados, eram todos muito convencidos da retidão de seu modo de ser. Maud sabia que havia herdado qualidades dos Montgomerys e dos Macneills destinadas a estar sempre em conflito: "o sangue apaixonado dos Montgomerys e a consciência puritana dos Macneills". Ela também compreendia que nenhum dos dois lados era "forte o bastante para controlar totalmente o outro". Os dois lados estavam em contínuo atrito na natureza dividida de Maud.

Maud se fazia de valente para o mundo, protegendo e ocultando a Maud interior. "Vivi minha vida dupla, como me parece que sempre fiz… como muitas pessoas fazem, sem dúvida… a vida exterior de estudo e trabalho… e a interior de sonhos e aspirações."

A vida de Maud começou com alegria, mas logo virou tristeza. Tanto a alegria como a tristeza deixaram suas marcas. Lucy Maud Montgomery nasceu em 30 de novembro de 1874, na cidade de Clifton, na Ilha do Príncipe Edward – posteriormente renomeada New London –, em um chalé de dois andares, oito meses e meio depois do casamento de seus pais.

Seu pai, Hugh John Montgomery, tinha 33 anos e era o bonito, alegre e simpático, mas desventurado filho do senador Donald Montgomery. Quando Hugh John conheceu a mãe de Maud, Clara Woolner Macneill, ele era um jovem e atraente capitão de navio. Sempre otimista, ignorou toda a oposição para ficar com a moça que queria como noiva e esposa.

Clara Woolner Macneill era uma jovem de 21 anos, a quarta de seis irmãos bem-protegidos. No pequeno vilarejo de Cavendish, Clara se destacava. As pessoas se viravam para admirar sua beleza, e ela conquistou o coração de mais de um pretendente. Mais recentemente, um homem de cabelos grisalhos se dirigiu a Maud e timidamente vangloriou-se de um dia ter tido a honra de acompanhar sua mãe até a casa dela.

Clara e Hugh John se casaram na sala da casa do pai dela, mas a geração mais velha dos Macneills nunca aprovou de fato a união. Parecia improvável que Hugh John se tornasse um bom provedor. O pai de Hugh John, o senador Donald Montgomery, comprou para o jovem casal um pequeno chalé na Ilha do Príncipe Edward, no meio do caminho entre a casa dos pais de um e do outro.

O jovem casal batalhava para ganhar a vida com uma loja de variedades anexa à residência. Nenhum dos dois tinha inclinação para negócios, e a loja ia de mal a pior. E, de repente, Clara adoeceu com tuberculose, uma doença pulmonar lenta, terrível e frequentemente fatal, bastante comum na época.

Hugh John mudou-se para Cavendish, onde os Macneills poderiam ajudar a cuidar da pequena Maud. Apesar de toda a atenção e cuidados, Clara Macneill Montgomery morreu em 14 de setembro de 1876, deixando para trás uma bebê, um marido e uma família devastados. Ela tinha 23 anos. Maud ainda não tinha 2 anos. Sua primeira lembrança era a da jovem mãe deitada em um caixão, com os cabelos castanho-dourados emoldurando o rosto e os ombros.

Hugh John ficou em pé ao lado do caixão, chorando com Maud aninhada em seus braços. A menininha estava perplexa: uma multidão se reunira na casa, ela era o centro das atenções, no entanto havia algo errado. As vizinhas sussurravam entre si e olhavam para ela penalizadas.

No tempo de Maud, as mulheres tinham um único vestido de seda a vida inteira, geralmente de uma cor neutra, discreta; o de Clara era de um tom vivo de verde. A mãe de Maud tinha uma aparência glamourosa até na morte e, com os cabelos dourados, parecia mais encantadora e familiar do que nunca. Mas, quando Maud estendeu a mãozinha para tocar o rosto da mãe, ficou chocada ao sentir a pele gelada, uma sensação tão forte que anos depois ela ainda a sentia na ponta dos dedos.

Depois do funeral, um véu de silêncio envolveu a curta vida de Clara Macneill Montgomery. Maud teve de remendar uma imagem da mãe por meio de trechos de conversas e insinuações. Era como se sua mãe tivesse sido apagada.

Pelos poucos relatos que Maud conseguiu reunir, Clara era uma jovem mulher sensível, poética, sonhadora e de espírito nobre. Precisou ter coragem para enfrentar os pais e casar-se contra a vontade deles. Maud e Clara se destacavam de seu pequeno clã. Ambas amavam a beleza a um grau que era considerado quase loucura. Pelo resto da vida, Maud lamentou a perda da mãe. Embora Clara tivesse morrido jovem e desconhecida, deixou alguns itens que Maud guardou com carinho – alguns livros de poesia e um diário, que Maud preservou cuidadosamente.

O túmulo de Clara ficava do outro lado da rua da casa de Maud e da Igreja Presbiteriana, ao lado da escola. Assim, a ausência de sua mãe estava sempre em evidência: dolorosa, misteriosa, inesquecível. Todos os dias, ao ir e voltar da escola, Maud atravessava o cemitério onde sua mãe se encontrava.

A morte prematura de Clara deixou Maud com perguntas não respondidas. Embora a família Macneill fosse famosa pelas histórias que tinha para contar, nenhuma história sobre sua mãe chegava aos seus ouvidos. Tampouco alguém se sentou com ela para falar sobre uma possível vida após a morte. Ela teve de tirar suas conclusões sozinha.

Com 4 anos, Maud estava na igreja quando o pastor disse algo que captou sua atenção. Era proibido falar na igreja, claro, mas aquilo era urgente. Maud virou-se para sua tia Emily e sussurrou:

– Onde é o Céu?

A jovem tia Emily era comportada demais para responder em voz alta. Em vez disso apontou em silêncio para cima. Por este gesto, Maud concluiu que sua mãe estava no sótão da igreja de Clifton. O Céu ficava tão perto de casa! Ela não entendia por que alguém não pegava uma escada e trazia sua mãe para baixo.

Nesse meio-tempo, a vida de Maud com o pai ficava cada vez mais insegura. Hugh John sofria com a perda da jovem esposa e, tendo de batalhar para ganhar a vida, deixou sua ativa filhinha aos cuidados dos sogros, que estavam na faixa dos cinquenta e poucos anos, já muito além da idade de criar os filhos. Somente a filha adolescente deles, a empertigada tia de Maud, Emily, ainda morava com os pais. Maud a via como uma adulta. Para ela, ou uma pessoa era criança ou era adulta, ponto final. Tia Emily não era uma companheira de brincadeiras, então Maud inventou seus próprios amigos imaginários, até nas portas espelhadas de uma cristaleira na sala da casa dos avós.

Na porta do lado esquerdo vivia a amiga imaginária Katie Maurice. Katie era uma menininha da idade de Maud, com quem ela conversava "por horas, fazendo e ouvindo confidências". Maud nunca passava pela sala sem pelo menos acenar para Katie Maurice.

No lado direito da cristaleira vivia a imaginária Lucy Gray, uma viúva idosa que sempre contava "histórias sinistras sobre seus problemas". Maud preferia a companhia imaginária de Katie Maurice, mas, para não ferir os sentimentos da triste viúva, tinha o cuidado de passar o mesmo período de tempo com ambas.

Muito tempo depois, Maud traria essas duas amigas imaginárias para seu livro *Anne de Green Gables*, onde Katie Maurice se tornou a melhor amiga e confidente de Anne.

O companheiro da vida real na primeira infância de Maud foi seu pai, Hugh John. Maud adorava o pai. Ele era gentil, alegre e contava histórias criativas – como a dos cãezinhos de porcelana do pai dele, que criavam vida à meia-noite. O pai de Maud era carinhoso, elogiava a filha e, ao contrário dos Macneills, expressava-se de maneira abertamente afetuosa. Chamava-a de sua "pequena Maudie", e em troca ela lhe dedicava um amor incondicional.

Anos depois ela escreveu: "Eu amava meu pai muito, muito profundamente. Ele foi o homem mais adorável que conheci". Hugh John Montgomery era quase infantil em sua aversão por aborrecimentos e contrariedades. Pai e filha se apegaram um ao outro em um mundo desconcertante. Ela escreveu:

> *Hoje penso que meu avô e minha avó se ressentiam justamente desse meu amor por ele. Eles percebiam que eu não sentia por eles a mesma efusão de afeto que dedicava a meu pai. E era verdade – eu não sentia mesmo. Mas a culpa era deles.*
>
> *Hoje sei que eles me amavam à sua maneira. Mas nunca expressaram ou demonstraram esse amor, em palavras ou atitudes. Nunca achei que me amassem. Eu sentia que a única pessoa do mundo que me amava era meu pai. Ninguém mais me beijava, abraçava ou me chamava de nomes carinhosos. Então dediquei todo o meu amor a ele, naqueles anos. E meus avós não gostavam. Achavam que, como me davam casa, comida, roupas e cuidavam de mim, eu deveria amá-los mais do que ao meu pai.*

A pequena Maud era uma criança inteligente, ativa, emotiva e entusiasmada. Nenhuma destas qualidades era valorizada pelos rígidos Macneills. Maud ansiava por demonstrações de ternura – como quando uma amiga da família, olhando para ela certa vez, murmurou "querida menininha", uma expressão da qual Maud se lembrou e a qual acalentou por toda a vida. Manifestações de afeto como estas eram raras. "E eu amava essa expressão. Ansiava por ela, e nunca me esqueci."

Não há dúvida de que a avó de Maud a amava. Lucy Macneill foi a figura central na vida de Maud. A avó Macneill enfrentava o marido a favor de Maud, desafiava as convenções pela neta, gastava seu dinheirinho para agradar a menina e se empenhava para que ela tivesse uma boa educação. Ela fazia tudo isto em uma época em que tais atitudes eram exceção, e não a regra. Lucy Macneill cuidava muito bem de Maud, materialmente – era uma dona de casa prendada, com refinadas habilidades manuais, culinárias e domésticas em geral –, mas, emocional e intelectualmente, havia milhas de distância entre as duas.

Para a avó Macneill, era tão difícil demonstrar afeto quanto para Hugh John era natural. Mas, ao mesmo tempo que Maud perdoava facilmente as falhas de seu pai, ela julgava com rigor a avó. Somente na ficção, na personagem bastante modificada de Marilla Cuthbert, foi que Maud celebrou as boas qualidades da avó: a confiabilidade, o autossacrifício e a atenção constante.

Há um episódio pouco conhecido na tenra infância de Maud, mencionado em seus Esboços Autobiográficos, que sugere que houve um tempo em que a avó Macneill ocupava um espaço precioso em seu coração. Quando estava com 5 anos, passando uma temporada na casa do avô paterno, Maud se queimou com um atiçador de fogo e, por consequência, adoeceu com febre tifoide. O médico avisou que ela não sobreviveria até o final daquela semana. A avó Macneill foi chamada imediatamente. A temperamental menininha atirou-se nos braços da avó. Na verdade, Maud "ficou tão contente de vê-la que a alegria fez com que a febre subisse de maneira alarmante". Em um esforço para acalmar a filha, Hugh John contou a ela que a avó havia voltado para casa, e, nos dias febris que se seguiram, Maud acreditou que aquela senhora que se debruçava ansiosamente sobre seu leito não era a avó, mas uma das criadas da casa. Somente quando ela já estava bem o suficiente para se sentar foi que viu que a avó Lucy Macneill estava a seu lado. Maud escreveu: "Eu não parava de acariciar seu rosto e de dizer, encantada: 'Você *não* é a senhora Murphy, afinal… você *é* a vovó!'".

Não muito tempo depois da doença de Maud, a avó Lucy Macneill se tornou sua principal tutora. Era uma avó rígida e cheia de regras, cujas técnicas de educação pareciam a Maud muito antiquadas. Ao longo dos anos seguintes, toda a responsabilidade de criar Maud recaiu sobre a avó Macneill. Cada vez mais Hugh John viajava para o oeste do Canadá em busca de trabalho, e o relacionamento amoroso de outrora acabou desaparecendo sem deixar vestígios.

No início ele ainda vinha de vez em quando para visitar a filha, mas, quando Maud fez 7 anos, o pai mudou-se de vez para a distante Saskatchewan, e os idosos Macneills passaram a criar a neta em tempo integral. Maud escondeu o choque e a decepção pelo abandono do pai e redirecionou sua raiva para onde esta podia pousar com segurança, que eram seus idosos e sempre vigilantes avós. Em nenhum momento a partir de então Maud proferiu qualquer palavra contra seu "querido" pai, Hugh John. Ao contrário – ela criou um retrato amoroso do pai ausente que tem deixado perplexos todos os biógrafos.

Não ajudava o fato de o azedo avô Macneill ser abertamente contrário aos novos arranjos para a criação da menina, nem de desaprovar os modos da neta, tagarela e temperamental. Alexander Macneill era recluso, escondia-se do mundo; Maud ansiava por sociabilizar. Ele escarnecia dos arroubos de imaginação que ela tinha, das ambições, e insistia que o lugar de uma mulher era em casa.

A avó Lucy Macneill, encurralada entre duas personalidades fortes, tinha de fazer o papel de pacificadora – esforçava-se para restaurar a ordem e o equilíbrio na vida da neta. E, tentando ser justa, não agradava a nenhum dos dois.

Maud sabia que a intenção da avó era boa, "mas o amor dela nunca incluiu a bênção da compreensão" e, portanto, como ela escreveu certa vez, "não teve o poder de nos unir". Maud ficou órfã de mãe e foi abandonada pelo pai. Outra criança poderia ter sido adotada, mudado de casa em casa, ou ter sido levada para um orfanato, mas Maud tinha um teto seguro sobre a cabeça, alimentação boa e farta, todas as vantagens materiais de que seus avós podiam dispor.

A casa dos Macneill era uma das mais bonitas residências de Cavendish. As cerejeiras e macieiras floresciam todo mês de junho, e os frutos amadureciam a cada estação do outono. As outras crianças levavam seu almoço para a escola em vasilhas de metal; Maud ia para casa ao meio-dia para almoçar sentada à mesa com os avós. Muitas crianças não tinham condições de ter sapatos, nem mesmo no rigoroso inverno canadense; Maud usava botas de couro que causavam inveja nas outras meninas. Maud admitia: "Materialmente, não me faltava nada... Era emocional e socialmente que a minha natureza era podada e tolhida".

Os familiares de Maud a lembravam constantemente de que ela deveria ser grata pela sorte que tinha. Seria um criança carente se não fosse a família. Deveria agradecer por ter um teto. Nada do que Maud fazia escapava à observação pública, e era esperado da parte dela mais do que seria esperado de qualquer outro simples mortal.

"Muito perto de um reino de beleza ideal"

A fazenda dos Macneills ficava logo depois dos limites de Cavendish, um vilarejo à beira-mar onde todos se conheciam ou eram aparentados e que ocupava uma área de cerca de cinco quilômetros por um quilômetro e meio na costa norte da Ilha do Príncipe Edward, a menos de vinte quilômetros da ferrovia e a quase quarenta de Charlottetown. Maud considerava Cavendish o lugar mais lindo do mundo. Em uma rara ocasião de eufemismo, ela o descreveu como "um bom lugar para passar a infância. Não consigo pensar em outro melhor".

Em um de seus primeiros diários, Maud escreveu:

Lá longe, além dos campos amarronzados, estendia-se o mar, azul e cintilante, pontilhado de cristas de espuma. A caminhada no ar fresco e úmido da primavera foi muito agradável, e, quando

cheguei à praia e subi em uma pedra, eu prendi o fôlego, encanta-
da... À minha esquerda ficava a curva brilhante da faixa de areia;
e à direita, as pedras escarpadas com pequenas cavidades, onde as
ondas arrebentavam sobre os seixos. Eu poderia ter ficado horas ali,
olhando o mar, com as gaivotas sobrevoando no céu.

É possível ouvir na voz da Maud adolescente os primeiros sinais da brilhante escritora descritiva que ela se tornaria.

Maud era extremamente apaixonada por Cavendish, a base do seu lar da infância. Por mais que em particular ela criticasse o vilarejo, nunca permitiu que um forasteiro dissesse uma palavra contra ele. Nenhum lugar do mundo era tão difícil de ser deixado para trás. Nenhum outro a emocionava tanto. "É e sempre deverá ser solo sagrado para mim", declarou. Maud conhecia cada campo e colina, os pomares e os bosques de onde as crianças colhiam frutinhas e goma de abeto. "Eu estava muito perto de um reino de beleza ideal", dizia ela.

Durante a juventude de Maud, a Ilha do Príncipe Edward era um lugar pequeno e coeso, com cem mil habitantes. Era a menor província do Canadá, uma remota região reluzente ao largo da costa leste de New Brunswick. No que dizia respeito a Maud, a Ilha do Príncipe Edward continuava sendo "o lugar mais lindo da América".

Muito raramente, quando criança, Maud ia além dos limites da pequenina Cavendish. Seus avós eram bastante caseiros e, com o passar dos anos, tornaram-se ainda mais reclusos. Uma viagem para Charlottetown, a quarenta quilômetros de distância, "era rara, uma vez a cada três anos, e era um acontecimento equivalente ao que seria hoje uma viagem à Europa, em termos de novidade, empolgação e encantamento".

Foi em uma dessas raras viagens para Charlottetown que, com 4 anos de idade, Maud conseguiu escapar dos avós por alguns minutos. Enquanto vovó e vovô Macneill conversavam com um conhecido que encontraram na rua, Maud aproveitou a chance para explorar os arredores sozinha.

Surpreendeu-se ao ver uma mulher sacudir tapetes do "alto de uma casa". Conversou rapidamente com uma menina desconhecida de olhos negros e tranças escuras e sentiu que tinha vivido uma aventura extraordinária.

As visitas familiares de Maud aos tios John e Annie Campbell, em Park Corner, aconteciam talvez uma ou duas vezes por ano. Para ela, estas visitas também eram uma escapadela bem-vinda do rígido lar dos Macneills. Maud conheceu seus primeiros amigos de infância em Park Corner. Ali vivia um "trio de alegre primos", incluindo seu primo mais novo, Frede Campbell, que mais tarde se tornou o amigo mais próximo de Maud, "mais do que uma irmã, a mulher que foi a mais próxima e querida para mim no mundo!".

Não havia rigidez nem formalidade em Park Corner, onde a menina "ávida pelos assuntos do coração" encontrava calor humano, riso e confortos materiais – incluindo "uma antiga e famosa despensa, sempre abastecida de guloseimas", que os primos invadiam à noite para "devorar petiscos, tagarelar e rir ruidosamente". Maud se encantava com a grande casa branca, "cheio de armários, cantinhos, pequenos e imprevisíveis lances de escada e desníveis". Os primos Campbells ficavam acordados até tarde da noite, jogando, quebrando nozes, contando piadas e histórias. Tio John e tia Annie participavam da algazarra. Maud escreveu: "Eu amava aquele lugar mais do que qualquer outro no mundo".

A alegria de viver de Maud era alimentada na animada Park Corner, mas sua alma foi forjada na sobriedade silenciosa da residência dos Macneills, em Cavendish, que permaneceu como a casa dos seus sonhos, sua referência para tudo o mais. "Não fossem aqueles anos passados em Cavendish… penso que *Anne de Green Gables* nunca teria sido escrito", declarou. O lar da infância trouxe uma felicidade um tanto alternada com momentos de tristeza, porém Maud se apegou a ela apaixonadamente. "O único lar que no fundo da minha alma eu reconheço é aquela pequena propriedade na orla do golfo…"

Maud tinha uma firme determinação de ser feliz, mesmo sendo uma criança que conhecera a tragédia tão novinha. Ela amava rir e ser "alegre"

– uma de suas palavras prediletas. Tinha o dom de encontrar divertimento em qualquer situação. Quando não havia companhia humana, ela inventava alguma – na forma de amigos imaginários e na beleza natural que a rodeava. Gostava especialmente de árvores e dava nome e personalidade para elas. "Se eu acreditasse seriamente na doutrina da transmigração", escreveu certa vez para uma amiga, "diria que fui árvore em um estágio anterior da existência".

"Gosto de que as coisas tenham apelidos", admitia, mesmo quando se tratava de algo tão simples como um gerânio em um vaso. Como sua famosa heroína Anne, Maud dava um nome a cada objeto de que gostava, desde que era menininha. Fantasiou nomes para as árvores no jardim da casa de seus avós: Arvorezinha Xarope, Dama Alva, Monarca da Floresta. Às vezes, sua imaginação vívida criava asas: um recipiente de vidro jateado parecia ter uma expressão assustadora, e Maud certa vez fantasiou que todas as cadeiras da sala de jantar mergulhada na penumbra estavam dançando em volta da mesa e fazendo caretas para ela.

Maud também tinha a companhia de gatinhos. Durante toda a sua vida ela sempre teve pelo menos um gato. Posteriormente autografaria seus livros com o desenho de um gato preto embaixo da assinatura. "Você não é pobre", declarou, "se tiver algo para amar". Quando não estava ocupada com amigos imaginários, Maud brincava com seus gatinhos. As duas primeiras gatinhas que ela teve chamavam-se Pussy-willow e Catkins. Quando Pussy-willow era ainda filhote, comeu veneno de rato e morreu. A pequena Maud ficou de coração partido; os avós não conseguiam entender a tristeza intensa da criança. Naquele momento, o sofrimento e a morte se tornaram reais para Maud. Ela escreveu que a gatinha havia sido "um animalzinho feliz, inconsciente. Dali por diante eu passei a ter uma alma".

Quando Maud começou a frequentar a escola local de classe única, com a idade de 6 anos, ela dominava duas habilidades: conseguia mexer as orelhas e sabia ler. Não há registro de como o diretor da escola reagiu à primeira façanha, mas ficou claramente impressionado com a segunda. Levou Maud até a frente da classe e repreendeu as crianças maiores. "Esta menininha é muito mais nova que vocês e já sabe ler melhor do que qualquer um aqui".

Mas o orgulho de Maud logo caiu por terra. No segundo dia de aula, ela chegou atrasada e teve de entrar na sala de aula sozinha; sentiu-se extremamente consciente de estar sendo observada por todos. "Muito timidamente, entrei e me sentei ao lado de uma 'menina grande'. No mesmo instante, uma onda de risadas ecoou na sala. *Eu tinha entrado com o chapéu na cabeça.*" Mesmo quando escreveu a respeito quarenta anos depois, ainda se sentia "devastada pela profunda vergonha e humilhação que experimentei naquele dia. Percebi que era um alvo para o ridículo do Universo. Nunca, tive certeza, eu seria capaz de superar aquele erro terrível. Esgueirei-me para fora da sala para tirar o chapéu, sentindo-me um farrapo humano".

E não seria esta a última vez que Maud se sentiria publicamente humilhada.

Lembro—me de um inverno em que me mandaram para a escola com um estilo novo de avental. Até hoje ainda acho que era feio; na época eu achava horrendo. Era uma espécie de saco, comprido, com mangas. As mangas eram a coroação da indignidade! Ninguém na escola usava avental com mangas, e uma das meninas comentou, zombeteira, que eu usava roupa de bebê. Isso foi a última gema da coroa! Eu não suportava usar aqueles aventais, mas era obrigada a usar. A humilhação nunca se amenizou. Enquanto duraram... e eles duraram além das minhas expectativas mais tenebrosas... aqueles aventais de "bebê" marcaram para mim o limite extremo da resistência humana.

Os leitores de *Anne de Green Gables* devem lembrar-se do intenso desejo de Anne de estar na moda e de usar grandes "mangas bufantes", como as outras meninas. Aqui, como na maior parte de sua obra, Maud poderia omitir os detalhes de sua vida, virá-los de cabeça para baixo (de ter de usar "mangas de bebê" para ansiar por mangas bufantes) e abordá--los com humor e emoção. Ela nunca perdeu seu senso agudo das dores da infância, posteriormente refletidas em *Anne de Windy Poplars*. "Não é estranho que as coisas que nos atormentam durante a noite raramente sejam coisas ruins? São apenas humilhantes."

A escola de classe única de Cavendish era minúscula em comparação com os padrões modernos. Até a professora era sempre a mesma, ano após ano. Cada criança recém-chegada proporcionava uma excitante mudança de rotina. Certa vez Maud "comprou" o direito de se sentar ao lado de uma aluna nova. O preço para ter sua nova colega de carteira foram quatro suculentas maçãs do pomar de seu avô. Maud considerou esta negociação uma pechincha. E, no final, a nova aluna era Amanda Macneill, uma parente distante conhecida como Mollie, que logo se tornou a melhor amiga de infância de Maud.

Maud e Mollie eram conhecidas como uma entidade única, Mollie--e-Polly. A personalidade de uma complementava a da outra. Maud era intelectual, determinada e temperamental. Mollie era doce, amável, cordata – tão gentil quanto Maud era incisiva. Juntas elas faziam travessuras na escola, formavam clubes com outras meninas, compartilhavam os segredos de seus primeiros romances e enfrentavam juntas as turbulências da infância.

Embora Maud não admirasse muito os dirigentes da escola, tinha ânsia de aprender e nunca se cansava dos livros. A localização da escola contribuía muito para seu encanto aos olhos da menina, que passava grande parte do tempo olhando pela janela. A sul e a oeste da escola estendia-se um antigo bosque de abetos, por onde as crianças andavam livremente na hora do almoço. "Sempre serei grata por minha escola ficar perto de um bosque – um lugar com caminhos sinuosos, samambaias exuberantes, musgos e flores silvestres que eram um verdadeiro tesouro. Foi uma influência educativa mais forte e melhor na minha vida do que as lições aprendidas em sala de aula."

As professoras, Maud percebeu, eram frequentemente rígidas quando deveriam ser gentis e negligentes quando deveriam ser firmes. Nos exames, se o diretor achasse que a criança sabia a resposta, ele não a chamava. Se sentia que ela não estava preparada, era quando ele atacava, certeiro. Maud aprendeu a parecer relutante quando realmente queria ser chamada e fazia cara de sabida quando estava completamente perdida.

Maud queria muito levar uma vasilha de metal para a escola para almoçar com as colegas e correr descalça com as crianças mais pobres. Sentia-se uma forasteira. Uma órfã – mesmo uma semiórfã como Maud – era em geral alvo de pena, escárnio e desconfiança. Às vezes ela adotava uma atitude superior, mas no fundo tinha medo de ser antipática. "Eu tinha a impressão… de que ninguém gostava de mim e que eu era uma pessoa detestável." Ela era mais inteligente, mais bem alimentada e mais bem vestida do que muitas de suas colegas – e também mais solitária.

Os desejos e as ambições de Maud pareciam suspeitos para seus vizinhos e conhecidos. O que ela queria? O que estava fazendo agora? Os Macneills tinham dinheiro para comprar botas de couro, mas ele não era tão disponível para os livros que Maud queria ler. Algumas revistas chegavam às mãos dela graças ao correio dos avós, e ela passava horas folheando figurinos de moda. Na parca biblioteca da casa dos Macneills, Maud devorou o *Godey's Lady's Book* e dois volumes encadernados de vermelho da *História do mundo*. Os contos de Hans Christian Andersen propiciavam "uma alegria perpétua". Mas ficção em geral não era vista como leitura adequada para crianças. Os avós de Maud tinham em casa alguns romances, incluindo *The Pickwick Papers*, de Charles Dickens, *Rob Roy*, de Sir Walter Scott, e *Zanoni*, de Bulwer-Lytton. A pequena Maud lia estes poucos e preciosos livros tão repetidamente que, antes de completar 7 anos, ela garantia lembrar-se dos capítulos inteiros de cor.

Felizmente, Maud tinha permissão para ler diversos livros de poesia: Shakespeare, Longfellow, Tennyson, Whittier, Scott, Milton e Burns. Aos domingos, porém, a poesia era proibida. Os únicos livros permitidos, além dos Evangelhos, eram os de temas religiosos.

Destes o favorito de Maud era um volume fino e enfadonho intitulado *A Memoir of Anzonetta R. Peters*, sobre uma menina doente que morria nova, sempre falando das escrituras e hinos. Para imitá-la, Maud escreveu "hino atrás de hino" em seu diário e moldou seu próprio estilo nas falas de Anzonetta. Maud escreveu que gostaria de estar "no Céu agora, com mamãe... e Anzonetta R. Peters". De fato, ela "não desejava de verdade. Apenas achava que deveria desejar". Por algum tempo, Maud tentou imitar Anzonetta, mas logo desistiu. Anzonetta não tinha voz – falava apenas por meio de textos sagrados. E desde cedo Maud soube que desejava expressar-se por meio da escrita. "Não me lembro de não escrever, ou de não ter a intenção de ser escritora."

Os sonhos artísticos de Maud teriam sido suficientes para estigmatizá-la como uma raridade em Cavendish. Meninas bem-criadas se tornavam donas de casa, não artistas. Eram esposas e mães, ou no máximo trabalhavam como professoras ou lojistas, por necessidade financeira. Não se dedicavam a algo tão frívolo como escrever livros.

Os familiares e os vizinhos poderiam ter sido mais gentis com relação às ambições de Maud se ela estivesse decidida a ser esposa de um pastor. Dessa forma, sua inteligência e habilidade com os livros poderiam ser consideradas vantagens. Mas desde cedo Maud decidiu que não tinha propensão para uma vida religiosa formal. Ela associava religião com ameaça, medo e uma longa lista de regras.

Maud cresceu frequentando a Igreja Presbiteriana escocesa, a igreja de seus antepassados. Nas décadas de 1870 e 1880, havia cerca de trinta mil presbiterianos na Ilha do Príncipe Edward e somente cinco mil anglicanos. Outras religiões eram praticamente desconhecidas. Maud era submetida a terríveis sermões sobre os tormentos do inferno e, por isso, "sofria espasmos de medo do Inferno". No verão, a mente de Maud ficava tranquila, mas no auge do inverno ela tinha acessos de pavor e se privava até dos prazeres mais simples. Arrumava a mesa para o jantar colocando para si mesma um jogo de talheres meio tortos que ela detestava. Para uma menina que prezava tanto a elegância, isto era uma penitência pesada.

Uma fotografia de Maud tirada mais ou menos nesta época mostra uma menina com aparência etérea, magrinha e pálida, com a boca pequena e olhos grandes e tristes. Quando Maud estava com 6 anos, sua avó viu no jornal uma previsão de que o mundo iria acabar no domingo seguinte. Maud confiava cegamente na sabedoria dos adultos e, quando a avó leu a matéria do jornal em voz alta, ela ficou aterrorizada. Adultos não mentiam. O *jornal* não mentia. Por mais que tentasse, ela não conseguiu deixar de se preocupar.

Maud tinha "absoluta confiança em tudo que estivesse 'impresso'". Se uma coisa estava escrita, é porque *devia* ser verdade. Ao longo daquela semana inteira ela atormentou a tia Emily, perguntando se iriam à igreja no domingo. Com seu jeito sério, tia Emily garantiu que sim, que elas iriam. Isso foi "um conforto considerável. Se tia Emily realmente achava que haveria culto e escola dominical, era porque não acreditava que o mundo iria acabar".

Logo depois que Maud fez 7 anos, seus avós deram uma grande festa em casa, a última comemoração antes de se aposentarem da sociedade de Cavendish. Foi o casamento da filha caçula, Emily. Maud se lembrava vividamente do evento, com a presença dos parentes dos dois lados da família. Recordava-se de cada detalhe, como se soubesse então que seria o último vislumbre de algo precioso.

O vestido de seda marrom de Emily tinha pregas, babados e uma sobressaia. A noiva usou também uma boina – preta com uma pluma branca. Houve um banquete, com danças e festejos. Maud se lembrava de seu tio John Montgomery empenhado em animar a festa, e tudo permanecia claro em sua mente, porque foi a última vez que tantas pessoas se reuniram na casa. Depois que tia Emily foi embora, casada, os Macneills se afastaram da sociedade – e a pequena Maud de 7 anos foi forçada a se afastar com eles.

Os anos felizes

Após o casamento de tia Emily seguiram-se alguns meses monótonos, quando parecia para Maud que nada emocionante aconteceria outra vez. E então, subitamente, um quase-milagre aconteceu. Será que a avó Lucy notara sua solidão? Nunca saberemos ao certo.

Os avós de Maud concordaram em acolher em casa dois meninos órfãos, de 6 e 7 anos. Chamavam-se Wellington e David Nelson, de apelidos Well e Dave. Well era apenas uma semana mais novo que Maud; seu irmão Dave era um ano mais novo. Maud sempre quisera ter um irmão, e agora, do nada, ela tinha dois companheiros. Durante quatro gloriosos anos, Well e Dave moraram na casa dos avós de Maud. Ela se referiu a este período como "as lembranças mais iluminadas e felizes da minha infância". Ainda poderia se meter em encrencas – o que de fato aconteceu com frequência –, porém não mais sozinha.

Dave, o mais novo, era loiro, com olhos azuis redondos enganosamente suaves. Well era moreno e bonito, "com olhos sorridentes e semblante alegre". A maior felicidade de Dave era brincar com ferramentas e pedaços de metal ou madeira. Era um engenheiro nato que adorava juntar peças ou desmanchá-las. Well era inteligente e estudioso, um leitor quase tão ávido quanto a própria Maud. Juntos eles liam contos de fadas, histórias de fantasmas e clássicos da literatura.

Nenhum dos dois meninos brigou com Maud, nem uma única vez, mas ambos eram impetuosos e frequentemente brigavam entre si. Dave sempre acabava perdendo essas disputas, pois se irritava e perdia a razão. Seu rosto muito claro ficava vermelho, o que lhe rendeu o apelido de Galo. Tão rapidamente quanto se desentendiam, porém, os irmãos faziam as pazes, e depois de dez minutos estavam se abraçando e correndo um atrás do outro como cachorrinhos peraltas. Brigar era uma forma de brincar para eles – "uma diversão sadia", declarou Maud.

O avô Macneill geralmente tratava de acabar bem depressa com este tipo de diversão. Mas, em uma noite de inverno, a avó Lucy Macneill foi a um casamento na família, deixando-o sozinho para cuidar dos três pequenos. Não muito chegado a crianças, o avô Alexander disse aos meninos que eles podiam brigar a noite inteira se quisessem – e Well e Dave o levaram a sério.

Os dois garotos mergulharam de cabeça numa contenda, com Maud e sua prima Clara sentadas na sala ao lado, a poucos metros da confusão. Da cozinha vinham os urros e baques dos digladiadores, estendendo-se até as dez horas da noite, quando o avô Macneill finalmente mandou todo mundo para a cama. No dia seguinte, os dois irmãos estavam cobertos de hematomas, mas declararam que tinham se divertido imensamente e que estavam ansiosos pelo próximo casamento na família.

As três crianças também se ocupavam com brincadeiras mais calmas. Construíram uma casinha em um círculo de abetos. A porta foi feita com três tábuas rústicas e correias de couro cortadas de botas velhas, e as crianças plantaram um jardim ao lado da casinha. Suas metas eram ambiciosas: semearam cenoura e cherívia, alface, beterraba e flores, mas a única coisa que vingou, apesar – ou por causa de – todo o cuidado dos três, foram as sempre-vivas silvestres e alguns girassóis resistentes que iluminavam o bosque de abetos como se fossem "alegres lâmpadas douradas".

Maud, Well e Dave perambulavam por pomares e bosques, brincavam de faz de conta, faziam piqueniques ao ar livre, brincavam em balanços rústicos feitos em casa e pendurados nos galhos das árvores, acendiam fogueiras nas noites frias de inverno. Ao entardecer, assustavam uns aos outros com histórias de fantasmas que vagavam no "Bosque Assombrado" – um pequeno arvoredo de abetos que ficava logo abaixo do pomar da casa.

Eles fingiam ver misteriosos "seres brancos" flutuar no Bosque Assombrado, embora tivessem noção de que os fantasmas eram mais fruto de sua imaginação do que assombrações reais.

Entretanto, num final de tarde, já bem escuro, Maud, Well e Dave estavam brincando no bosque quando viram um dos temíveis *seres brancos* rastejar pela grama na direção deles. As três crianças viram o espectro no mesmo instante. Não havia dúvida, aquilo era real!

– Bobagem – disse Maud, tentando desesperadamente ser prática e manter a calma. – Deve ser o bezerro branco dos Macneills – declarou.

Well concordou imediatamente com ela, mas na verdade "aquela coisa branca e disforme não se parecia nem um pouco com um bezerro". E então a coisa começou a se mover na direção deles.

– Está vindo para cá! – Well gritou.

Os três dispararam na direção da casa do vizinho, onde os criados, assustados, armaram-se com forcados e baldes. Nenhum fantasma apareceu – mas alguns minutos depois a avó Macneill chegou com o tricô em uma das mãos e na outra uma toalha de mesa branca que ela havia deixado coarando na grama. Ela jogara a toalha sobre o ombro quando as crianças se apavoraram. A toalha branca se enrolou sobre a cabeça da avó, e ela tentou desvencilhar-se enquanto atravessava o gramado. O ser branco horrendo e cambaleante não era outra senão a própria avó Macneill.

Naquele mês de julho, o navio *Marco Polo* encalhou durante uma tempestade, com sua preciosa carga e tripulação. Todos os vinte tripulantes se alojaram em Cavendish. De repente, o vilarejo austero e pacato tornou-se um lugar colorido, com carroças barulhentas de irlandeses, espanhóis, noruegueses, holandeses, suecos e – o melhor de tudo para Maud, Well e Dave – dois taitianos.

Como a residência dos Macneills era uma das mais antigas de Cavendish, o capitão do *Marco Polo* hospedou-se lá – com todo o ouro do navio. O capitão norueguês era um senhor de meia-idade, popular entre seus tripulantes. Seu inglês era sofrível, mas seus modos eram impecáveis.

– Obrigado por sua gentileza *contra* mim, pequena senhorita Maud – ele dizia com uma mesura.

Certa noite, a tripulação se reuniu na sala da frente para receber o pagamento. Ali, na mesma sala onde a jovem mãe de Maud ficara deitada em seu caixão, com os cabelos dourados emoldurando o rosto, a mesa estava coberta de moedas. Era uma quantidade de ouro maior do que qualquer uma das crianças havia visto antes. O tesouro perdido da mãe de Maud havia sido temporariamente, magicamente, transformado em pilhas de moedas de ouro.

Entre os 7 e os 11 anos de idade, Maud prosperou. Fez boas amizades na escola e tinha os irmãos Nelsons em casa. Foi o mais próximo que a menina Maud chegou de uma vida familiar "normal". As três crianças colhiam maçãs na estação e pescavam trutas no verão. Certo dia, em um laguinho ali perto, Maud pescou uma truta maior do que qualquer adulto já havia conseguido fisgar, e Well e Dave passaram a olhar para a amiguinha com um respeito renovado. Maud era corajosa, engenhosa, desembaraçada e determinada. Juntos, os três seguiam rastros de raposas e lebres, colhiam frutinhos silvestres e corriam atrás dos passarinhos em voo.

Maud aprendia rápido, era vivaz e alegre e, apesar de sua condição de semiórfã, tornou-se líder entre os colegas de escola. Tinha o dom de inventar coisas emocionantes para fazer. A maioria das amigas da escola era parente em algum grau, e todas brincavam no bosque atrás da escola, ou na praia, ou no caminho favorito de Maud, ladeado de árvores, que

Maud apelidou de "Alameda dos Apaixonados". As crianças brincavam de amarelinha, estátua, cabra-cega e lencinho na mão. Desciam a encosta da colina atrás da escola no inverno. Certa tarde, Maud e os amiguinhos conduziram todas as crianças em uma animada perseguição pelos prados, atravessando bosques e riachos lamacentos.

E então, tão subitamente quanto haviam aparecido, numa manhã Well e Dave Nelson desapareceram. Sem explicações sobre para onde tinham ido ou por quê. Maud não teve chance de dizer adeus. Outras providências haviam sido tomadas para os meninos, e o quarto deles ficou vazio, sem nenhum vestígio de seus pertences. Possivelmente os Macneills julgaram melhor assim, ou se preocuparam que Maud estivesse crescida demais para brincar com meninos. Talvez não tivessem noção de como eles eram importantes para ela.

Para Maud, a súbita partida dos meninos Nelsons depois de quatro anos foi inexplicável e terrível, algo que poderia acontecer em um conto de fadas. Décadas se passariam até que ela voltasse a ver os dois amigos. O período mais feliz de sua infância terminou de maneira abrupta – mas com 11 anos de idade Maud estava prestes a se tornar uma adolescente, com alegrias mais picantes e provações pela frente.

Novamente sozinha, Maud voltou-se para as duas coisas que mais a confortavam: a natureza e os livros. E apegou-se ao sonho mais duradouro, o grande "desejo e ambição" de sua infância: escrever e ocupar seu lugar no mundo entre os "poetas, artistas e contadores de histórias... que nunca esqueceram o caminho para a terra das fadas".

Espaço para sonhar

Maud tinha um bálsamo constante enquanto crescia na casa dos Macneills: a privacidade do seu quarto. "Um quarto onde a pessoa dorme e sonha e chora e ri" cria vida própria, ela escreveu. O quarto no andar superior da casa onde ela dormia no verão tornou-se seu lugar essencial e estimado, para sonhar e trabalhar.

Os avós de Maud mandavam a neta subir para se deitar às oito horas em ponto – mas ela não protestava, pois era quando o seu mundo de sonhos começava, "aquela estranha vida interior de fantasia que sempre existiu lado a lado com minha vida exterior".

No inverno, os Macneills passavam a maior parte do tempo na área da cozinha, perto do grande fogão de ferro. Seria muito caro aquecer a casa toda, então a família se confinava ao andar de baixo. A avó Macneill tricotava ou costurava; suas mãos desgastadas pelo trabalho estavam sempre ocupadas. O avô Macneill se debruçava sobre o jornal ou fazia a triagem da correspondência. Às vezes, nas noites mais geladas, os dois dormiam na cozinha quentinha. Maud ficava perto, no pequeno e escuro "quartinho de inverno", próximo à lareira.

Ela esperava desesperadamente pela primavera e verão, quando podia voltar a dormir no andar de cima, "retornar do exílio... uma rainha em meu pequeno e independente reino". Seu quarto dava vista para um mundo de beleza: campos e bosques e árvores frutíferas em flor. Ela se ajoelhava sobre o caixilho da janela e observava acima das colinas baixas as luas novas das quais se lembraria "nos corredores da eternidade".

Quando era bem pequena, Maud dormia em um quartinho minúsculo – basicamente um *closet*. Maud o apelidou de seu "*boudoir*", achando que soava elegante. Ali ela guardou seus primeiros livros e revistas, bonecas, caixinha de trabalhos manuais e bugigangas preciosas. A vista da janela era para o lado oeste de Cavendish, as árvores do jardim e as colinas e bosques distantes. "Pobre quartinho!", escreveu em seu diário. "Tive muitos sonhos esplendorosos ali." Alguns anos depois ela se mudou para o cômodo maior ao lado, e o *boudoir* virou depósito.

Maud pendurava retratos, quadros, calendários e recordações nas paredes e sempre tinha flores frescas no quarto. A colcha da cama era branca, e o papel de parede, florido. O quarto era claro e arejado; o único espaço abarrotado ali dentro era a estante de livros.

Nos dias quentes, Maud abria a janela e escutava o canto dos pássaros e o farfalhar dos choupos. Mesmo ainda bem pequena, seu estado de espírito melhorava ou piorava de acordo com as estações. Suas épocas favoritas eram o final da primavera e o início do verão. O mundo era "um reino de beleza", conforme ela escreveu. Deliciava-se com a chuva de verão desabando sobre as colinas e campos verdejantes. No outono ela contemplava o pôr do sol, ou a lua aparecendo por trás das árvores. Todo inverno Maud voltava para o quarto escuro no andar de baixo, "como uma criatura enjaulada". As janelas ficavam cobertas com uma geada tão espessa que ela se sentia "literalmente aprisionada". Em uma noite de maio, ela escreveu:

"Mudei-me para cima novamente – o que significa que comecei a viver outra vez... Para mim significa a diferença entre felicidade e infelicidade".

Claro que seu dormitório de verão tinha uma função importante que ela nunca mencionou em voz alta – tornou-se seu estúdio de escritora. Ali Maud compôs secretamente seus mais prezados livros: *Anne de Green Gables* e *Anne de Avonlea, Kilmeny do pomar* e *A Menina das Histórias*.

A única vista de que Maud sentia muita falta era a do lado leste, de frente para o pomar dos fundos e para o mar. Foi exatamente esta vista voltada para o leste que ela deu à sua mais famosa heroína, no pequeno "quarto leste" de Green Gables. Tudo nos primeiros anos de vida de Maud a induziram a escrever este livro, mas ela teve de superar muitos obstáculos para conseguir fazer isso.

Com 9 anos de idade, Maud apresentou ao seu pai, que viera visitá-la, seu primeiro poema, intitulado "Outono":

> *E chega então o outono, carregado de pêssego e pera;*
> *O berrante do caçador ecoa por toda a terra,*
> *E a pobre perdiz, tremulante, cai abatida.*

– Que tipo de poema é esse? – perguntou o perplexo Hugh John.

Maud explicou que eram versos sem rima.

– Não parece poesia – foi o julgamento.

Desse momento em diante, Maud passou a escrever todos os seus poemas com rima. Ela também escrevia todo tipo de prosa: "descrições dos meus passeios favoritos, biografias dos meus gatos, histórias de visitas e da escola".

Felizmente para Maud, havia bastante material de escrita à sua disposição, e sem custo. Ela começou a escrever em folhas de papel que o econômico avô Alexander Macneill guardava do correio – tiras de papel colorido usado para as contas do correio. Alguns anos depois, Maud passou a escrever nos blocos amarelos com anúncios de remédios na capa.

CASA DOS SONHOS: A VIDA DE LUCY MAUD MONTGOMERY

O apaixonado gosto de Maud pelos livros era visto pelos avós, na melhor das hipóteses, como estranho, e sua dedicação à escrita era considerada uma perda de tempo. Maud escondia seus escritos embaixo do sofá da sala, em prateleiras secretas que ela improvisou com duas tábuas.

A sala era um esconderijo refinado. Maud a considerava "o auge da elegância", com suas longas cortinas de renda. O tapete era "muito bonito – com estampa de rosas e folhagens". Para um olhar mais perspicaz, os móveis e decorações dos idosos Macneills teriam parecido antiquados, tendo como ponto central uma grande lareira colonial preta, fora de moda até mesmo na época da infância de Maud. Ali, no cômodo menos usado da casa, aninhados sob o sofá, Maud guardou seus primeiros poemas, histórias e diários.

Embora seus avós considerassem que escrever era uma perda de tempo, Maud passou a vida inteira rodeada por contadores de histórias. O rabugento avô Macneill era um maravilhoso contador de histórias. Também o tio-avô Jimmie Macneill e a tia-avó Mary Lawson. Mary, especialmente, era "uma conversadora brilhante... era uma alegria quando ela começava a contar histórias e lembranças da juventude". Tia Mary era a prova viva de que uma mulher era capaz de contar histórias gloriosas e manter uma audiência cativa. As duas eram muito amigas, Mary Lawson e Maud – a mais velha com mais de 70 anos, Maud no começo da adolescência. Trocavam confidências e opiniões. "Não há palavras ao meu alcance com que eu possa pagar a dívida que tenho com tia Mary Lawson", declarou Maud mais tarde.

Na escola de classe única em Cavendish, Maud formou um clube de histórias com as amigas. Ela se especializou em tragédias melancólicas. Escreveu uma longa história intitulada "Meus túmulos", sobre a esposa de um pastor que viajava pelo Canadá e em cada localidade perdia um filho, deixando uma cadeia de sepulturas infantis pelo país inteiro. Maud também escreveu "A história da elegante Olhos Brilhantes", sobre uma boneca que sofria todo tipo de infortúnio. "Eu não podia matar uma boneca", admitiu, "mas a fiz passar por todas as outras atribulações".

No ano em que Maud completou 12 anos, a escola de Cavendish contratou uma professora nova – Izzie Robinson. A senhorita Robinson pediu para ficar hospedada na residência dos Macneills, como outras professoras já haviam feito, mas o avô Macneill se opôs. Ele não gostava de professoras mulheres – dentro de sua casa ou fora. A senhorita Robinson forçou a situação e acabou ficando lá como pensionista, mas isso levou a discussões tão desagradáveis que Maud teve de sair temporariamente da escola de Cavendish e matricular-se em outra.

Maud detestava ser alvo dos mexericos locais, pois o vilarejo inteiro acompanhava a situação com interesse. O avô também tinha uma desavença – por causa de alguma injúria, real ou imaginária – com o filho mais velho, John, que morava na casa ao lado. Maud nunca gostara desse tio. John Macneill era um homem forte e temperamental, que podia ficar violento quando as coisas não saíam do seu jeito. Ele a amedrontava. Maud também não gostava dos filhos dele e sentia-se contrariada quando era forçada a passar algum tempo em companhia deles. Essas brigas de família e dentro de casa colocavam todos sob uma espécie de holofote.

Antes de Maud mudar de escola, a senhorita Robinson descontava sua raiva nela – provocando e insultando Maud sempre que podia fazer isso em segurança. Maud esperava pelo menos um elogio aos seus escritos, mas nada ouvia de bom da inabalável senhorita Robinson. Quando Maud ganhou menção honrosa no *Montreal Witness*, foi baseado em um dos contos favoritos de Alexander Macneill, que não causou encanto à professora.

Em desespero, Maud copiou um de seus poemas como se fosse uma canção chamada "Sonhos Noturnos" e perguntou à senhorita Robinson, que era excelente musicista, se ela conhecia. Claro que a senhorita Robinson não conhecia – sua aluna menos favorita é que a havia escrito.

A "canção" começava com a estrofe:

Quando o sol se põe no oeste
Deixando a noite avançar,
Num halo de cor e esplendor,
Me sento para descansar.

CASA DOS SONHOS: A VIDA DE LUCY MAUD MONTGOMERY

Para surpresa de Maud, a senhorita Robinson declarou que era "muito bonita", então Maud a copiou e enviou, cheia de esperança, para uma revista americana. Semanas depois foi devolvida com a primeira – mas não última – carta de rejeição e a observação de que ela havia se esquecido de incluir um envelope selado para devolução. Em seguida Maud tentou o jornal local, que imediatamente rejeitou o poema. Anos se passaram antes que ela tentasse outra vez publicar alguma coisa.

Maud destruiu suas primeira obras, uma por uma. Tempos depois ela se arrependeria, desejando ter de volta aqueles primeiros esforços – inclusive a melancólica história "Meus túmulos" e "A história da elegante Olhos Brilhantes". Quando estava com 14 anos, Maud leu seus diários de infância e os queimou também – o que causaria outro arrependimento eterno.

Poucos meses antes de seu aniversário de 15 anos, Maud começou "um novo tipo de diário". Declarou que o jeito anterior de escrever era tão tolo que ela sentia vergonha. Com uma autozombaria característica, observou que tinha o hábito de escrever "religiosamente todos os dias e comentar sobre como estava o tempo"; que considerava "uma espécie de crime" não escrever todo dia – "quase tão inaceitável quanto não rezar ou não lavar o rosto".

No novo diário, ela decidiu escrever "somente quando houver algo que valha a pena escrever. A vida está começando a ficar interessante para mim – logo terei 15 anos". Não iria mais escrever tanto sobre o tempo, prometeu. E acrescentou enfaticamente: "E por fim, mas não menos importante: vou manter este diário bem guardado!"

A essa altura Maud já havia conquistado alguns prêmios de redação. Estas primeiras vitórias a encorajaram. E o melhor de tudo: a escola de Cavendish tinha contratado uma nova professora, a senhorita Hattie Gordon, que incentivava os esforços literários de Maud. Na verdade, ela insistia que todos os alunos escevessem redações toda semana. A tarefa de escrever era brincadeira para Maud. Quando estava "escrevinhando", não percebia o tempo passar. "Ah, enquanto podemos trabalhar, podemos tornar a vida maravilhosa!", exclamava.

LIZ ROSENBERG

Maud retornou de bom grado ao seu lugar ao lado de sua querida Amanda Macneill ("Mollie") e outras colegas. A senhorita Gordon esperava progresso de todos os alunos. Encorajava-os a realizar eventos musicais, atividades ao ar livre, recitais, e organizava piqueniques no final de cada ano letivo. "Eu gosto demais dela", escreveu Maud em seu diário.

A senhorita Gordon não tinha uma beleza convencional, mas era charmosa; era "uma verdadeira *lady*", com um sorriso encantador e cabelos loiros ondulados. Tinha "pavio curto", porém raramente o demonstrava, ficava em silêncio até a irritação passar. Maud a respeitava por ser o tipo de professora que "tinha o poder de inspirar amor pelo estudo, por si só".

A senhorita Gordon participava da Sociedade Literária de Cavendish – e encorajava seus alunos a fazer o mesmo. Este era o apoio de que Maud precisava. Os Macneills haviam feito Maud sair da "Literária", alegando que era uma perda de tempo e, assim, privando Maud do único recurso que nutria sua ânsia por livros e debates literários. Mas, com todas as outras crianças participando, dificilmente Maud poderia ser a única aluna a ficar de fora. Assim Maud pôde enfim fazer parte da almejada Literária – e recitar em público.

Maud escolheu como sua primeira peça de recital "A criança mártir". Ela recitou com "olhos brilhantes e mãos fervorosamente crispadas", relatou uma vizinha. Se alguém quisesse saber como Anne de Green Gables realmente era, bastaria observar Maud em sua trêmula emoção. Finalmente ela fazia parte da vida literária, uma introdução que abriu o caminho para novas possibilidades, novos livros – e seu primeiro romance.

Conte nove estrelas

Algumas pessoas diziam que Maud era "louca por meninos"; ela atraía os rapazes com sua espirituosidade e vivacidade. A filha do tio John, Lucy, que morava na casa ao lado, provavelmente contava histórias não muito amáveis contra sua popular prima. Os avós rígidos passaram a controlar Maud com rédea curta, mais ainda do que antes. Toda vez que saía de casa para passear na sua amada Alameda dos Apaixonados, ela era rigorosamente questionada. Até mesmo uma simples caminhada na praia gerava uma inquisição.

Mas Maud tinha duas amigas que seus avós aprovavam. Uma era Amanda Macneill, sua grande amiga "Mollie". A outra era Penzie Macneill, uma prima poucos anos mais velha. Como todas as meninas daquela época, Maud e Penzie trocavam cartas e poemas sentimentais, declarando sua devoção mútua.

Maud e Mollie tinham seus meninos favoritos na escola, os quais elas apelidaram de "Snip" e "Snap". Snip era Nathan Lockhart, mais conhecido por Nate, um rapaz esbelto e de olhos brilhantes, órfão de pai e o garoto mais inteligente da escola. Nate adorava livros e amava escrever. Entrou na Sociedade Literária antes de Maud obter permissão para entrar e emprestava livros para ela às escondidas. Snap era o melhor amigo de Nate, John Laird – um rapaz bonito e simpático. No início da adolescência, Mollie-e-Polly e Snip e Snap se tornaram um quarteto inseparável. Estavam à frente dos colegas em popularidade e nos estudos, e Maud e Nathan Lockhart competiam amigavelmente para ver quem seria o primeiro colocado da turma.

O pai de Nate havia se afogado no mar antes de ele nascer. Assim como Maud, Nate também compreendia o que era uma perda prematura. Seu tio, o pastor Arthur John Lockhart, era um poeta respeitado, o que fez com que a imagem de Nate se tornasse ainda mais interessante aos olhos de Maud. Ela teve uma relação de amizade com o "pastor Felix" a vida inteira e dedicou a ele um de seus melhores romances, *A escalada de Emily*. Quando Maud tirou o terceiro lugar em um concurso de redação escolar, Nate ficou à frente dela, em segundo. Ao contrário da fictícia Anne, Maud demonstrou ser uma rival cortês e afável. "Ficou melhor que a minha", admitiu.

Embora Maud alegasse não ter interesse romântico em Nate Lockhart, os dois eram muito próximos; provocavam um ao outro, discutiam, reconciliavam-se e apoiavam-se mutuamente. Os registros no diário da adolescência de Maud tinham um tom alegre ou melancólico de acordo com os altos e baixos de seu relacionamento com Snip, se estavam se entendendo bem ou tendo um de seus frequentes mal-entendidos. Ela escreveu: "Snip é um garoto muito bom, e nós somos grandes amigos. Ele é louco por livros, e eu também. Os outros alunos não gostam porque conversamos de coisas que eles não entendem".

Em novembro de 1889, poucas semanas antes do décimo quinto aniversário de Maud, ela e Mollie estavam voltando para casa depois de uma palestra religiosa, no escuro e no frio, quando Snip apareceu e decidiu acompanhá-las. Foi um evento importante na vida de uma menina – a primeira vez que ela voltou para casa de braço dado com um rapaz. Maud declarou que se sentiu "tola", mas ela e Mollie ficaram a noite inteira acordadas falando sobre isso.

Infelizmente, elas não foram as únicas. Outra dupla de meninas tinha visto Nate acompanhar Maud para casa. A notícia se espalhou rapidamente em Cavendish, e no dia seguinte a escola inteira estava sabendo.

Algumas semanas depois, Maud, Mollie e Nate desfrutaram de outra "agradável caminhada para casa". Dessa vez a fofoca foi maior, resultando em uma série de conversas e discussões entre as estudantes que durou meses. Rumores e acusações eram lançados de maneira inesgotável, até que, por fim, a senhorita Hattie Gordon reuniu todas as garotas e conversou com elas, colocando um ponto final naquilo. Quanto a Maud, ela não tinha interesse em brigas e fofocas e prezava sua reputação de ser sincera e direta. Tampouco queria arriscar sua recém-adquirida liberdade de frequentar eventos sociais como a Literária.

Maud tinha começado a parecer uma jovem moça. Os cabelos dourados escureceram um pouco, primeiro para um tom castanho-claro e depois mais escuro. Os olhos eram incomuns, com pupilas tão grandes "que os olhos pareciam pretos em vez de azuis ou cinzentos".

Todo o tempo Maud se referia a Nate como apenas um "bom amigo", mas ficava desolada toda vez que discutiam. "Oh, céus… estou chateada. Sei que Nate está bravo comigo." Ela nunca tivera a intenção de irritá-lo, mas escreveu em seu diário: "Sou uma pateta completa, sei disso, e o pior é que não consigo deixar de ser completamente pateta". Dias depois escreveria que estava tudo bem outra vez entre os dois. Ele certamente era um "bom garoto", ela insistia, "inteligente e intelectual, e isso é algo que não se pode dizer de todos".

Maud sempre havia sido uma criança diferente entre as demais em Cavendish, mas tornou-se mais consciente da divisão entre sua vida interior e a exterior durante a adolescência. Não havia um lugar onde ela pudesse ser completa. Maud construiu uma existência interior separada "muito diferente do mundo no qual vivia e onde a existência exterior se manifestava". Uma Maud ia para a escola, era a aluna aplicada que fazia os deveres de casa, frequentava a igreja e mantinha a boca fechada. A outra passava o tempo com seres de outro mundo, governava reinos imaginários, combatia gênios do mal. Estes mundos, real e imaginário, "colidiam de maneira irremediável e irreconciliável", e ela aprendeu a mantê-los separados... a um preço.

Os parentes de Maud a acusavam de ser "insondável" e "sonsa". As fofocas da prima Lucy não ajudavam. Em um dos romances de Maud, a heroína se pergunta por que alguém a acharia sonsa. "Acho que deve ser porque tenho o hábito, quando estou aborrecida ou chateada com alguém, de mergulhar de repente no meu mundinho e fechar a porta."

Nate Lockhart era a companhia intelectual mais próxima de Maud. Em seu diário ela escreveu: "Foi uma solidão horrível na última vez que discutimos". Era frequente Nate fazer longas caminhadas com Maud e Mollie. Juntos eles iam a debates e palestras, desciam a encosta de trenó – havia segurança e conforto entre os três. "Conversávamos sobre muitas coisas, com seriedade, mas não com tristeza", Maud escreveu em seu diário. "Éramos felizes demais para ficarmos tristes."

No ano em que Maud fez 15 anos, a escola de Cavendish aderiu a uma nova mania romântica. Primeiro, um menino ou menina tinha que contar nove estrelas durante nove noites seguidas. Então, a primeira pessoa de quem ele ou ela apertasse a mão depois disso seria o seu verdadeiro amor.

Em 17 de fevereiro de 1890, Nate Lockhart contou sua nona estrela e apertou a mão de uma menina – mas recusou-se a dizer quem era, até mesmo para Mollie e Maud. Por fim, Maud conseguiu arrancar a resposta dele, concordando em responder, "de forma justa e honesta, sem evasivas, a qualquer pergunta que ele quisesse fazer".

Nate criou coragem e perguntou: "De qual dos seus amigos você mais gosta?"

Maud escreveu, com a máxima discrição: "Você é um pouco mais inteligente que os outros garotos de Cavendish, e eu gosto de pessoas inteligentes. Então suponho que é de você que eu mais gosto, embora não veja por que deveria, depois da peça que você me pregou".

Nate entregou a Maud o seguinte bilhete no dia seguinte na escola, em 18 de fevereiro de 1890, que ela copiou em seu diário:

Mudei de ideia e resolvi lhe dar os fatos concretos, simples e diretos, pois assim podem lhe parecer, porém são tão verdadeiros quanto as escrituras. Bem... De todas as minhas amigas, a que eu mais admiro... não... a que eu amo... é L. M. Montgomery, a menina cuja mão eu apertei, a garota do meu coração.

É difícil não admirar o rapaz que escreveu esse bilhete corajoso e alcançou a "garota que ansiava pelas coisas do coração". Nate Lockhart parece ser um modelo adequado para o famoso Gilbert Blythe, com quem Anne Shirley se casa e a quem ama apaixonadamente para o resto da vida. Assim como Gilbert, Nate era um rival digno, um amigo verdadeiro, com capacidade intelectual equivalente à de Maud e uma personalidade firme e adorável. As fotos revelam um rapaz magro, bonito, com cabelo loiro ondulado, orelhas grandes e olhar penetrante. Tinha um maxilar definido e boca firme, indicando determinação. As outras meninas eram "loucas" por Nate. E ele, aparentemente, era louco por Maud.

A reação de Maud, contudo, era confusa. Por um lado ela escreveu em seu diário, exultante: "Ele não só gosta mais de mim – ele me ama!" Maud ficara com medo que ele mencionasse o nome de outra menina e estava pronta para mudar sua carta e em vez do nome dele dizer o de Snap – o amigo de Nate, John Laird. Isto causava uma onda de júbilo em Maud, "um estranho e tolo sentimento de triunfo". Ela desenvolvera uma insegurança tão grande que muitas vezes duvidava que "alguém pudesse gostar de mim... desse jeito". Agora ela sabia, sem sombra de dúvida, que alguém podia gostar, e gostava.

Por outro lado, sentia-se uma "perfeita idiota", e na vez seguinte em que ficou a sós com Nate, ela se sentiu "um pouco apavorada e tola". Nate era sensato o bastante para não forçar a situação – mas entregou outra carta para Maud, a qual em algum momento posterior se perdeu. Tudo que sabemos é que ela não teve certeza "se gostou ou não". Sob alguns aspectos, escreveu, ela gostava "e em outros, não".

Maud conseguiu evitar Nate pelo resto do ano letivo, tratando de não se aproximar se ele não estivesse rodeado por outros colegas. Eles participaram de vários eventos escolares – em um dia de primavera esfregaram a escola inteira, quase explodindo o velho fogão da escola no processo. Organizaram piqueniques e a apresentação de fim de ano, declarada como "um grande sucesso". Mas Maud fazia o possível para não ficar a sós com Nate, com medo de que ele dissesse ou fizesse algo romântico. Anos depois escreveu que simplesmente não se sentia atraída por ele e que juntos eles teriam sido um desastre. "Por que será", perguntava, lamentando-se, "que na minha vida inteira os homens que eu mais *gostei* eram os que eu não conseguia *amar*?"

Esta é, possivelmente, a questão central na vida pessoal de Maud. Ela era uma péssima julgadora do sexo oposto. Amava os homens errados, sempre; Maud acreditava que a amizade era baseada em similaridades entre as pessoas e que a paixão era baseada nas diferenças. Se Nate não fosse tão familiar, tão parecido com ela, Maud provavelmente não o teria descartado com tanta facilidade.

Naquela primavera, Maud ofereceu sua amizade em vez de seu amor, e Nate aceitou. Mas continuou tentando cortejá-la nas férias. Em vão, porque Maud estava segura do que queria, ou do que *não* queria.

A maioria dos casamentos que Maud observava eram parcerias desiguais. A avó Lucy Macneill lidava com o marido ranzinza submetendo-se às vontades dele, mantendo independência no âmbito doméstico, recorrendo a subterfúgios quando necessário. O casamento deles dificilmente inspiraria Maud a procurar um parceiro.

Quando Nate Lockhart declarou seu amor, ele e Maud tinham apenas 15 anos. Maud era jovem e ambiciosa demais para considerar um namoro sério. Se os dois tivessem permanecido em Cavendish, algo talvez tivesse florescido entre ambos, pois Nate Lockhart era tão determinado quanto Maud. Entretanto, um convite inesperado e irresistível naquele verão levou Maud para longe de Nate Lockhart e de tudo o que ela conhecia como lar. Seria necessário mais do que nove estrelas para Maud resistir a esse apelo.

"Querido Pai" e Prince Albert

Em abril de 1890, com 15 anos, Maud soube que seu pai, Hugh John, estava pensando em convidá-la para ir ficar com ele na região oeste do Canadá. Hugh John Montgomery havia se casado novamente, iniciado uma nova família, e estava começando a se firmar no ramo imobiliário e de assentamento de terras. Queria ter uma família completa outra vez. A princípio Maud não ousou acreditar. "Tenho medo de pensar ou opinar sobre isso", confidenciou em seu diário.

Em agosto, porém, a ida de Maud para a casa do pai havia se tornado um plano definitivo, e ela fez a longa viagem de trem para Saskatchewan acompanhada pelo avô Senador Donald Montgomery. Os cautelosos Macneills concordaram que Maud poderia passar lá um ano ou mais somente depois de obterem repetidas promessas de que ela receberia uma educação da mesma qualidade que recebia em Cavendish.

CASA DOS SONHOS: A VIDA DE LUCY MAUD MONTGOMERY

Hugh John havia provado que tinha condições de sustentar uma esposa e uma família. Maud ansiava por estar com seu "querido pai" outra vez. A adolescente tinha começado a se rebelar seriamente contra as restrições impostas pelos avós. Eles nunca aprovavam, queixava-se ela, "nada que significasse reunir um grupo de jovens".

O relacionamento de Maud com seu rabugento avô Macneill nunca tinha sido fácil, mas agora os atritos eram constantes, e a avó Lucy Macneill nem sempre conseguia reconciliar as discussões. Foi com apreensão, mas também com alívio, que o casal de idosos permitiu que sua jovial e ativa neta adolescente fosse ao encontro do pai no distante oeste.

Maud ficou entusiasmada e otimista com a mudança. A vida inteira ela desejara ter alguém para chamar de "mãe" e estava plenamente preparada para amar sua madastra. Achava emocionante viajar para lugares novos e, é claro, reencontrar o pai. Somente na véspera de partir de Cavendish foi que se permitiu ter algumas dúvidas. Será que gostaria da remota Prince Albert? E será que amaria a madastra "como se fosse realmente sua mãe"?

Maud iniciou a viagem com grandes expectativas no dia 9 de agosto de 1890. Dessa vez ela não ficou com os "alegres primos" em Park Corner, mas na imponente residência de seu avô paterno, o Senador. Ele parecia um personagem saído de um livro de histórias. O avô Montgomery era bonito, gentil, alegre e extrovertido. Forçava-a a comer o quanto podia, alegando que ela estava muito magrinha.

Para surpresa de Maud, ele a apresentou ao primeiro-ministro do Canadá, Sir John A. MacDonald, e à sua altiva esposa. Isto era algo inebriante para uma garota de 15 anos da pequenina Cavendish. Mas Maud manteve os pés no chão. Sir John, declarou ela em seu diário, "não é bonito, mas tem um rosto simpático". A esposa era impressionante, mas feia, e pior, vestia-se "com mau gosto".

Prince Albert era a localidade mais distante da recém-federada nação do Canadá, e para chegar lá Maud e o avô tiveram de enfrentar balsas e trens, longos trajetos de coche e mais alguns trens. Muitas passagens eram íngremes e perigosas. Às vezes o trem diminuía a velocidade, ou parava se houvesse uma vaca perto dos trilhos. Passaram pelas "colinas arborizadas do Maine", por Montreal, pelas desoladas regiões inóspitas do norte de Ontário. Maud levava seu caderno à mão e não desviava os olhos da janela do trem. Montreal, declarou, era uma boa cidade – mas ela não gostaria de morar lá. Não era uma garota da cidade. Cada litoral a encantava e a fazia lembrar-se de casa.

O avô Montgomery tentou ser uma boa companhia na longa viagem para o oeste, mas ele era um pouco surdo – e os trens naquela época eram barulhentos e empoeirados. Era impossível conversar. Maud ficava encolhida em seu beliche – tão apertado que toda vez que se sentava ela batia a cabeça no teto. O único lugar aonde ela se aventurava a ir sozinha em segurança era a varanda da Sala das Senhoras, onde podia sentar-se e esperar que alguém falasse com ela. Uma senhora idosa a encheu de perguntas, até descobrir que Maud era presbiteriana. Ao saber disto, afastou-se sem mais uma palavra. Outra senhora "ianque", que a princípio parecia ser séria e silenciosa, acabou se mostrando uma companhia amigável. Maud lamentou ao vê-la embarcar no trem para Halifax.

Quando paravam em uma cidade, o avô Montgomery desaparecia por horas, deixando Maud por sua própria conta. Ela se preparava para desembarcar e ficava andando pela estação – geralmente na periferia da cidade, como em Winnipeg, onde, ela escreveu, parecia que alguém tinha jogado um punhado de casas e ruas "e se esquecido de separá-las". Mas – ela procurava se consolar – a cidade propriamente dita poderia ser bem mais promissora, se ao menos ela pudesse ir até lá conhecer.

No dia 18 de agosto de 1890, depois de mais de uma semana de uma viagem extenuante, Maud e seu avô desembarcaram na cidade de Regina. Ali, uma surpresa maravilhosa os aguardava. O avô se afastou para ir verificar a correspondência e voltou pouco depois, declarando que tinha encontrado um amigo especial que queria ver Maud. Ela abriu a porta e quase caiu nos braços de seu pai.

CASA DOS SONHOS: A VIDA DE LUCY MAUD MONTGOMERY

Fazia cinco anos que Maud não via Hugh John. Ele não mudara, continuava sendo o homem jovial, alegre e franco que ela adorava. Pai e filha riram e choraram de alegria. O momento daquele encontro fez toda a árdua viagem valer a pena. Hugh John providenciou para que fizessem um passeio de coche pela cidade de Regina – um lugar árido naquela época –, mas Maud não conseguia desviar os olhos do pai.

No dia seguinte, pegaram um bonde e logo depois um coche para Prince Albert. A região rural estava coberta de flores silvestres azuis. Prince Albert tinha menos de 30 anos de existência, era praticamente um povoado colonizado à margem do rio. Não tinha estrutura ainda para contar com uma estação ferroviária. Em 1890, que foi o ano em que Maud chegou lá, Prince Albert tinha uma população de pouco mais de mil habitantes, além de um assentamento indígena a oeste. Ao passo que tudo em Cavendish era familiar e filtrado por centenas de anos de história, Prince Albert era um lugar verdadeiramente pioneiro – primitivo e novo.

Hugh John havia dado à sua modesta nova residência o imponente nome de Eglintoun Villa, em homenagem à suposta ligação da família com os condes escoceses de Eglinton. Hugh John havia conhecido e se casado com a enteada de seu chefe, Mary Ann McRae, sobrinha de um milionário, magnata das ferrovias. O casal viveu em exílio em Battleford durante três anos antes de retornar para Eglintoun Villa com a família, que já havia crescido. Foi a Eglintoun Villa, sua nova casa dos sonhos, que Maud chegou, com o coração cheio de esperanças, naquela tarde de agosto.

Maud conheceu sua nova "mamma" e sua meia-irmã de dois anos e meio, Kate, "uma criança muito bonita". A mais recente moradora da casa era Edith Skelton, ou Edie, uma menina da idade de Maud responsável por ajudar Mary Ann Montgomery com as tarefas domésticas.

Maud logo fez amizade com Edie – tão rapidamente quanto passou a não gostar de sua madrasta de 27 anos de idade. Maud era criada ali para ser ajudante da madrasta e babá não paga – tratada mais como criada do que como membro da família. O tratamento "mamma" logo perdeu o significado, embora ela o continuasse usando na frente do pai para agradá-lo. Quando ele não estava presente, Mary Ann era simplesmente "senhora Montgomery" para sua enteada.

Hugh John ganhava muito pouco para satisfazer as vontades de sua ambiciosa jovem esposa. Trabalhava em vários empregos ao mesmo tempo, como avaliador de propriedades rurais, leiloeiro, corretor de imóveis e inspetor da ferrovia. O Senador já havia ajudado financeiramente e conseguido um emprego para o filho ali no oeste. Agora Hugh John estava por sua própria conta. Mary Ann Montgomery tinha sido criada em meio a riqueza e conforto. Importunava o marido para ganhar mais e zombava de seus sonhos de grandeza. Com uma criança pequena e esperando outro bebê, Mary Ann se ressentia da presença de Maud em sua casa. Disse a Hugh John que os apelidos que ele dava à filha mais velha eram "infantis" e que não admitiria que ele os usasse. Ficava contrariada quando pai e filha passavam algum tempo juntos a sós. Estava determinada a nunca fazer nada por Maud, recusando-se até mesmo a colocar chá na xícara para ela na hora da refeição. Maud tinha ido para lá esperando ser acolhida como filha, mas em vez disso ocupava o lugar de gata borralheira na casa do pai. Dividia um quartinho com Edie. Quando a senhora Montgomery saía de casa, trancava a despensa. Mary Ann às vezes passava dias sem dirigir a palavra a Maud. Proibia a menina de 1,68m de altura de usar o cabelo penteado para o alto, com medo que uma filha daquele tamanho a fizesse parecer mais velha. Maud sentia uma saudade desesperada de sua casa. Era apenas a esperança da oportunidade de estudar e a presença do pai que a fitava com olhos "que brilhavam de amor" que a faziam ficar em Prince Albert.

Maud e Edie frequentavam a mesma pequena escola pública local. Havia somente nove alunos – seis meninos e três meninas, incluindo a meia-irmã da senhora Montgomery, Annie McTaggart. O jovem professor, John Mustard ("Que nome engraçado!", Maud escreveu em seu diário), era um ex-colega de escola da senhora Montgomery. Era bem-educado e ambicioso, estudava para se tornar pastor.

Casa dos sonhos: a vida de Lucy Maud Montgomery

A antiga construção da escola de Prince Albert havia sido destruída por um incêndio, então as aulas eram dadas na prefeitura, que em outros tempos havia sido um hotel. A pequena sala de aula funcionava também como vestiário feminino nas noites de baile, e os alunos encontravam presilhas de cabelo, plumas, flores e às vezes um espelhinho quebrado no chão, na manhã seguinte. O distrito policial e a cadeia da cidade também funcionavam no mesmo prédio. Criminosos de menor gravidade e bêbados ficavam trancafiados bem atrás da sala de aula. Certa vez Maud foi explorar o local e acabou se trancando acidentalmente em uma cela.

Maud não gostava do senhor Mustard, embora ele fosse surpreendentemente bonito – alto e loiro, com olhos azuis e um "bigode dourado do qual cuidava com muito esmero". Mas ela não acreditava que ele pudesse se tornar "um pregador muito brilhante". A amizade de longo tempo do professor com sua madrasta não ajudava a melhorar a opinião de Maud sobre ele. John Mustard era inteligente, mas lecionava de modo rígido, mecânico, sem a energia e o dinamismo da senhorita Gordon, aos quais Maud estava acostumada. Era autoritário e não hesitava em usar um chicote de couro nos meninos que se comportavam mal.

Maud decidiu que ampliaria seu curso tirando o diploma de professora. Gostava de ir à escola, especialmente quando novos alunos chegavam. Obter o diploma de professora lhe daria credenciais que ela poderia usar no futuro, e o avô Macneill não estava lá para se opor aos seus planos.

Em outubro, a jovem Edie pediu demissão. A senhora Montgomery vinha pressionando a garota para vigiar Maud, apesar da resistência de Edie. Hugh John estava sempre fora a trabalho, tentando ganhar dinheiro de todas as maneiras possíveis. Cada vez mais Maud era sobrecarregada com as tarefas de casa, e o péssimo relacionamento com a madrasta tornou-se evidente. A senhora Montgomery abria e lia as cartas que Maud recebia de casa e certamente teria lido o diário dela se Maud não o guardasse bem escondido.

O inverno trouxe um frio inédito a Prince Albert, com temperaturas muitos graus abaixo de zero. Trouxe também um inesperado visitante à residência dos Montgomerys – ninguém menos que o professor John Mustard.

O pai de Maud estava fora naquela primeira noite, e Maud correu para avisar a madrasta de que John Mustard estava lá, apenas para descobrir que a senhora Montgomery havia misteriosamente se deitado sob as cobertas, de roupa e tudo, e recusava-se a descer. Mary Ann Montgomery claramente acreditava ter encontrado um bom pretendente para sua enteada e estava se empenhando em dar um empurrãozinho. Assim, Maud viu-se sozinha para receber o senhor Mustard naquela noite – a primeira de muitas outras.

Maud era esperta e vivaz, boa aluna, e aparentemente John Mustard decidira que ela seria uma esposa adequada para um pastor. As insinuações de Maud em contrário não o demoviam. O professor não se abalava com a frieza dela, nem mesmo quando esta beirava a rispidez. Ia visitá-la todas as noites, enquanto a senhora Montgomery tratava de ficar convenientemente fora de vista.

Na sala de aula, John Mustard ficava muitas vezes emburrado ou mal-humorado sem motivo aparente. Mas visitava-a religiosamente, semana após semana, com o chapéu nas mãos. "Que homem chato!", Maud escreveu, zangada. Ao longo de todo o inverno e na primavera, o indesejável senhor Mustard ia à casa dos Montgomerys. Maud achava aquilo insuportável. Até seu pai a provocava, com um sorriso malicioso toda vez que lhe pedia para passar a *mostarda* na hora da refeição.

Naquela primavera, Maud fez duas novas preciosas amizades: um casal de irmãos chamados Will e Laura Pritchard. Como a maioria das meninas da cidade, Laura frequentava o colégio de freiras local – mas a senhora Montgomery não estava disposta a gastar dinheiro com Maud quando ela podia estudar de graça. As amigas davam um jeito de se encontrar depois das aulas. Laura e Maud podiam passar horas conversando sobre todo e qualquer assunto. "Somos almas gêmeas em todos os aspectos", declarou Maud.

O irmão de Laura, Will, era o colega de classe preferido de Maud. Era ruivo, com olhos verdes brilhantes e um sorriso travesso. Trazia vivacidade e ânimo para a monotonia da sala de aula. No dia em que ele chegou,

CASA DOS SONHOS: A VIDA DE LUCY MAUD MONTGOMERY

sentou-se atrás de Maud e disse a ela que não conseguia se concentrar com aqueles lindos cabelos bem à sua frente. Tinha um entusiasmo caloroso natural que encantava Maud, e logo os dois estavam contando piadas e trocando bilhetes – e enlouquecendo o pobre senhor Mustard. Os três amigos saíam para passear à noite, brincando, conversando, contemplando as estrelas. Foi quando, pela primeira vez em sua vida, Maud declarou que havia encontrado seus verdadeiros "espíritos afins".

Naquele inverno, havia ainda outra glória por vir. Maud nunca se esquecera da história favorita de seu avô, uma excitante narrativa sobre Cape LeForce. Ela havia composto um novo poema sobre o assunto e o enviado para o *Charlottetown Patriot*. O pai de Maud a presenteou com um exemplar do jornal que chegara pelo correio. Bem ali, impresso no papel, para o mundo todo ver, estava o poema de Maud! O jornal tremia em suas mãos, as letras de seu nome dançavam diante dos seus olhos. Ali estava, finalmente, uma verdadeira e real publicação sua.

Maud disse que aquele era "o dia mais orgulhoso" de sua vida. Hugh John estava maravilhado; elogiou Maud incansavelmente, ao passo que sua esposa apenas lançou um olhar para o jornal e recusou-se a dizer uma única palavra de parabéns.

Naquele inverno, com o bebê para nascer a qualquer momento, Hugh John voltou-se subitamente para a política. Mas, como sempre, nem sua sorte nem o momento foram bons. Ele mudou sua aliança do partido Conservador do pai para a chapa Liberal – e prontamente perdeu sua candidatura ao Parlamento.

Em fevereiro, Mary Ann deu à luz um filho que recebeu o nome de Donald Bruce. Contratou uma menina para substituir Edie e deu a ela o precioso quarto de Maud "com vista para o sul". Mas a garota ficou apenas alguns dias. Declarou que a senhora Montgomery era "muito brava e exigente" para aguentar. Mary Ann nem ao menos fingiu que procurava por outra ajudante. Em vez disso, colocou Maud para trabalhar. O bebê tinha cólicas constantes, os nervos estavam à flor da pele. Mary Ann empregou sua energia para cuidar das duas crianças, e todo o resto do serviço da casa recaiu sobre Maud.

Era impossível para Maud executar todas as tarefas domésticas e ainda fazer os deveres de casa. A escolha era clara. Tinha de abandonar os estudos. Maud lidou com a situação da melhor maneira possível e recusava-se a se queixar, "porque isso faria seu pai sentir-se muito mal". Mas começou a sofrer de dores de cabeça que a atormentariam pelo resto da vida.

Maud confidenciava seus problemas unicamente ao seu diário. Escrever era sua única fuga. Compunha poemas, histórias e artigos, além das anotações em seu diário. O poema publicado no jornal de Charlottetown havia lhe dado esperança. Diligentemente, Maud praticava a "arte que adorava". Posteriormente escreveu, sobre esta fase da vida, que a "chama da ambição de escrever algo grande estava começando a tomar conta da minha alma". Seu ensaio foi publicado no *Prince Albert Times* e no *Saskatchewan Review* e reproduzido nos jornais de Winnipeg. Outra história ganhou um concurso e apareceu no *Montreal Witness*.

O pai de Maud a elogiava para todas as pessoas. A madrasta fazia questão de ignorar cada novo sucesso. Mas Maud já estava com 16 anos e era determinada. Anos antes ela havia recortado de uma revista um poema intitulado "Para a Genciana de Franja" e o colado no canto da pasta onde guardava seus escritos. Ela o citou em seus livros da série *Emily* e também usou um dos versos como título de seu livro de memórias *O Caminho Alpino*. Maud apegou-se a esses versos quando adolescente, realizando trabalhos domésticos árduos e não reconhecidos, a milhares de quilômetros de casa.

> *Então sussurra, floresce, em teu sono*
> *Como posso escalar*
> *O caminho alpino, tão difícil, tão íngreme,*
> *Que leva a alturas sublimes;*
> *Como posso alcançar esse objetivo distante*
> *De verdadeira e honrada fama,*
> *E escrever em seu pergaminho brilhante*
> *O nome humilde de uma mulher.*

CASA DOS SONHOS: A VIDA DE LUCY MAUD MONTGOMERY

Embora não mais pudesse frequentar a escola, Maud ainda ia aos eventos da igreja e à escola dominical e participava de recitais, o que lhe rendeu elogios especiais no jornal local. Seu pai passava cada vez mais tempo fora de casa, e Mary Ann vivia atormentada e preocupada. Depois que concluía as tarefas de casa, Maud ficava por sua própria conta. Pela primeira vez ela passou a ter uma vida social independente – frequentando festas, piqueniques e passeios, até mesmo bailes no quartel ali próximo. Os Macneills teriam ficado horrorizados – mas é claro que Maud nunca contou a eles.

Maud sentia uma enorme saudade de casa, apesar da atividade social intensa. Escreveu para sua amiga Penzie dizendo que o dia em que voltasse para Cavendish "será o mais feliz da minha vida". Ela viajara para Prince Albert com grande esperança de receber uma educação de alto nível e de obter o diploma de professora – e tudo isso caíra por terra. Até sua cobiçada independência perdera a graça. Como uma criança que finalmente pode comer todas as guloseimas de que gosta, Maud sentia que faltava algo em sua nova liberdade. Ninguém cuidava dela, ninguém pensava em seu bem-estar. Seus únicos amigos verdadeiros eram Will e Laura Pritchard, mas ambos estavam na escola durante o dia.

John Mustard continuava visitando Maud no fim do dia, às vezes até três vezes por semana, apesar de ela não dar o menor encorajamento. Àquela altura as intenções dele eram inequívocas, até para Maud, que tinha o dom de ignorar o óbvio. Ela só o achava interessante quando conversavam sobre teologia — mas em quase todos os outros assuntos ele era terrivelmente tedioso. Maud se ressentia da suposição da madrasta de que John Mustard era um ótimo partido. Ela queria mais que segurança; ansiava por um espírito afim. Tratava John Mustard no limiar da cordialidade e zombava cruelmente dele em seu diário.

John Mustard, no entanto, acabaria sendo um amigo leal a Maud por toda a vida. Era um rapaz inteligente, com um futuro promissor.

Tornou-se um pastor popular e muito respeitado, apesar da rejeição de Maud. "O ódio é apenas o amor que perdeu o rumo", escreveu Maud certa vez. Ela viria a se arrepender de sua aspereza adolescente e sentir perplexidade com aquela devoção de John Mustard por uma causa sem esperança.

O pobre homem por fim reuniu coragem e perguntou a Maud se ela considerava a possibilidade de a amizade deles evoluir para algo mais.

– Não vejo para *onde* ela poderia evoluir, senhor Mustard – respondeu com frieza.

Os olhos dele se inundaram de lágrimas, mas não os de Maud. Estava aliviada que aquela situação tão prolongada e fútil tivesse chegado ao fim. "Nunca entendi como John Mustard aguentou. Eu era uma menina bonitinha, mas nunca fui uma beldade deslumbrante para despertar tamanha paixão em um homem... E no entanto ele levou adiante aquela perseguição até ser rejeitado com todas as letras... Eu sinto vergonha de toda a situação."

Na primavera, ficou combinado que Maud voltaria para Cavendish. Sua madrasta estava contente em se livrar da carrancuda enteada adolescente. Nem mesmo foi até a estação para se despedir. O pai, o mais gentil dos homens, pode ter ficado aliviado com o fim das reclamações – pois, se Maud se recusava a se queixar, Mary Ann não tinha o mesmo escrúpulo.

Para Maud, dizer adeus olhando para os olhos verdes do charmoso Will Pritchard foi muito diferente de despedir-se de John Mustard. Maud descreveu Will como "o menino mais encantador" que ela conheceu. Não admitiria nem para ela mesma como era forte o seu sentimento por ele. Se estava mentindo para si mesma, ela o fez de maneira convincente – ela era, afinal, uma escritora de ficção que estava florescendo. "Ele é como um irmão, ou um querido bom amigo", insistia em seu diário.

Entretanto, nos últimos dias de Maud em Prince Albert, ela estava ansiosamente esperando por algo. O tempo estava acabando. Will Pritchard sempre dizia "coisas bonitas" para ela, mas nada tão definitivo como John Mustard. Laura Pritchard garantia a Maud que Will ficaria arrasado depois que ela fosse embora. Ela disse a Maud:

CASA DOS SONHOS: A VIDA DE LUCY MAUD MONTGOMERY

– Eu sei disso… Ele venera o chão que você pisa.

Will pediu a Maud uma fotografia, uma mecha de cabelo e a persuadiu a deixar com ele o anelzinho de ouro que sempre usava. "Mas na verdade", admitiu Maud, "ele não precisou implorar".

A despedida final foi triste, "como em um sonho", e formal. Will partiria para uma curta viagem no dia seguinte. Estendeu a mão para Maud, desejou "felicidades… e não se esqueça de mim". Entregou a Maud uma carta selada, depois apertaram as mãos e foram cada qual para seu lado.

Naquela noite, Maud abriu a carta de Will, onde ele confessava que a amava – mas ele já tinha saído da cidade. Se não estivesse tão longe, disse Maud, poderia ter ido atrás dele. Em vez disso embarcou no trem na manhã seguinte, de volta para casa.

Era inconcebível naqueles dias que uma menina da idade dela fizesse uma viagem tão longa e acidentada sozinha. E no entanto foi exatamente o que Maud fez. Não tinha opção. A adolescente solitária passou por infindáveis milhas de paisagens monótonas de pradarias, às vezes em pé num vagão lotado, às vezes espremida em assentos de trem para dois passageiros onde se sentavam três. Cochilava quando podia. Teve de fazer baldeação várias vezes, encontrar acomodação para passar a noite em cidades desconhecidas e andar sozinha por ruas de frequência suspeita. Hospedava-se em *saloons* barulhentos. O fato de estar desacompanhada fazia dela um alvo fácil para ladrões e coisa pior; uma menina de 16 anos, esguia e com corpo bem-torneado, não mais uma criança. Mary Rubio, uma das maiores autoridades sobre a vida e obra de L. M. Montgomery, escreve categoricamente: "Nenhum pai decente teria permitido que a filha de 16 anos fizesse uma viagem como aquela sozinha".

Maud enfrentou o desafio de cabeça erguida e com os olhos bem abertos. Admirou o campo, apreciou os borrifos dos Grandes Lagos e passou a noite de domingo em um *saloon*, rabiscando anotações sob uma luz elétrica brilhante com o barulho do bar lotado à sua volta. Em Toronto, Maud foi até a casa de amigos de sua família, apenas para descobrir que não estavam em casa – e passou cinco horas conversando com a governanta e as crianças.

Seu trem chegou em Ottawa às cinco horas da manhã, mas o avô Montgomery, que deveria ir buscá-la, perdeu a hora. Com grande atraso ele a acabou encontrando, "num estado de intensa agitação... que Deus proteja seu coração". Maud esperava passar algum tempo com o avô, mas ele logo a mandou para a Ilha do Príncipe Edward, dessa vez com uma acompanhante adequada.

Quando Maud chegou à Ilha do Príncipe Edward, em 5 de setembro de 1891, não havia ninguém à sua espera na estação. Ela ficou duas horas sentada sozinha na sala de espera em Summerside, depois embarcou em outro trem para Kensington. Ali também ninguém apareceu. "Foi um regresso para casa um tanto gelado", admitiu. Intrépida, contratou uma carroça para levá-la para Park Corner, onde tia Annie, tio John e seus primos a saudaram calorosamente. Maud ficou ali alguns dias, ainda esperando receber alguma notícia de boas-vindas de seus avós de Cavendish.

Nada. Maud esperou. E esperou. Seu tio Crosby – um parente de Park Corner – finalmente ficou com pena dela e a levou para Cavendish. Maud se animou assim que começou a ver as localidades familiares. Quase caiu da carroça de tanta empolgação quando avistou a casa de seus avós. Pobre tio Crosby, refletiu, "deve ter achado que estava com uma garota maluca a seu lado".

"Não pense que os lugares não retribuem nosso amor", ela escreveu certa vez. Maud pode não ter sido cautelosa com pretendentes, mas as árvores, os lagos, a terra vermelha e as águas azuis da Ilha do Príncipe Edward ela amava apaixonadamente, sem reservas. O sonho de uma vida ao lado do pai chegara ao fim. Ela precisava agora construir sua própria casa dos sonhos.

O comprimido dentro da geleia

    Maud chegou a Cavendish apenas para encontrar seu avô Macneill mais irritadiço e contrário aos seus planos do que nunca. Ele esperava que a neta ficasse em casa e se comportasse. O primeiro lugar que Maud visitou após seu retorno foi a escola onde estudara antes. Espiando pela vidraça, viu o gancho onde sempre pendurava seu chapéu; acima do gancho Nate havia entalhado seu nome com uma caligrafia trabalhada. Ali estavam as velhas carteiras onde ela se sentara com as amigas; a porta de madeira gasta e as iniciais entalhadas de casais que já não existiam. A um primeiro olhar, a velha escola parecia a mesma. No dia seguinte, um sábado, Maud voltou lá com Mollie e entraram por uma janela.

    Encontraram o lugar tristemente deserto, com as fileiras de carteiras vazias. Tornaram a sair pela janela e se embrenharam no bosque logo atrás, quase esperando que Nate Lockhart e Jack Laird aparecessem, atentas para escutar o assobio deles. Mas Nate tinha ido para o Arcadia College, e Jack já estava lecionando. Somente um ano havia se passado, mas para Maud parecia que eram "séculos".

Enquanto todos os seus colegas haviam avançado, Maud ficara para trás. Perdera um ano precioso em Prince Albert. A faculdade estava mais longe que nunca do seu alcance. "Se ao menos eu pudesse estudar um pouco mais!", lamentava. Esse sonho parecia "impossível" naquele momento. Os Macneills não tinham intenção de pagar uma faculdade para Maud – mesmo que tivessem condições para isso ou que ela estivesse academicamente preparada para ingressar em uma.

A senhorita Gordon continuava sendo uma das poucas pessoas que a apoiavam. Organizou um de seus elaborados concertos naquele outono e encorajou Maud e outros ex-alunos a ajudar. Maud se dedicou aos preparativos – ajudando a decorar o *hall*, limpando, arrumando os assentos e escrevendo diálogos dramáticos.

Com o incentivo da senhorita Gordon, Maud estabeleceu um curso de estudos independente naquele inverno, ansiosa para recuperar o tempo perdido. Estudou história inglesa, geografia, latim, geometria e literatura inglesa. Todo esse estudo evitava que se sentisse sozinha e perdida. O volume de sua produção literária nesses primeiros anos foi impressionante, em histórias, poemas, ensaios. Ela tinha suas amigas Mollie, Penzie e outras por companhia. Frequentou a Sociedade Literária de Cavendish, acordava cedo e ficava acordada até tarde para estudar por sua própria conta.

A avó Macneill, pelo menos, deve ter notado. Em fevereiro, ela fez algo totalmente fora do comum. Sistemática e reclusa, de repente decidiu ir visitar seus parentes em Park Corner – desacompanhada.

Ninguém sabe exatamente o que Lucy Macneill disse ou fez lá. Mas, quando retornou para casa, haviam sido tomadas providências para que Maud fosse morar em Park Corner por alguns meses, dando aulas de música para seus primos. E… milagre dos milagres, ela receberia *pagamento* pelas aulas.

Tia Annie e tio John nunca haviam demonstrado interesse em aulas de música antes – um luxo com o qual não tinham condições de arcar. Mas a avó Macneill tinha um dinheirinho guardado. Ganhara-o fazendo alguns trabalhos em casa e recebendo pensionistas. O mais provável é que ela tenha pago o salário de Maud. Isso ajudaria a manter a neta ocupada em uma casa mais sociável. Era também uma maneira de ajudar Maud com os próprios estudos sem que o avô Macneill soubesse.

Maud passou três felizes meses na casa de tia Annie e tio John. Havia por lá brincadeiras, festas em família e casamentos. Park Corner fervilhava com vida e atividade. Outros parentes moravam perto, incluindo o formoso e inteligente primo de Maud, Edwin Simpson.

As perspectivas literárias de Maud também mudaram para melhor. Ela tinha começado a publicar histórias infantis em revistas da escola dominical, sempre contendo uma moral da história. Seu tipo favorito de história para jovens leitores, declarou, era a que fosse "boa e alegre", sem um sermão incluído nela, como se fosse "um comprimido em uma colher de geleia". Mas pelo menos estes escritos melosos estavam sendo publicados e notados. O vice-governador dos Territórios do Noroeste elogiou Maud para o avô Montgomery e pediu uma fotografia dela e cópias de outras histórias que ela havia escrito.

Will Pritchard era agora somente um amigo de correspondência, vivendo a milhares de quilômetros de distância. Quando Nate Lockhart veio visitar a família, disse a Maud, com ar um tanto esnobe, que ela tinha "um bom intelecto" e que poderia ser alguém um dia – se pudesse cursar a faculdade. Maud continuava a escrever, a sonhar e a esperar. Mas o mundo girava sem ela. Até mesmo a sempre leal senhorita Gordon mudou-se para o Oregon. Maud sentiu profundamente a perda de "uma verdadeira amiga", escreveu, a última em Cavendish "que me compreendia e era solidária com minhas ambições e esforços".

Afinal, porém, Maud estava enganada. Ela ainda contava com uma aliada importante: sua avó Lucy Macneill. Maud ganhara algum dinheiro dando aulas de música em Park Corner, mas não o suficiente para pagar a faculdade. Almejava ingressar no Prince of Wales College, na cidade vizinha de Charlottetown – o lugar mais próximo e mais barato para obter seu diploma de professora, mas mesmo este modesto objetivo estava fora do seu alcance.

No outono, sem dizer a ninguém, Lucy Macneill escreveu para seu ex-genro, Hugh John, pedindo a ele que contribuísse com alguma coisa, com qualquer valor, para os estudos da filha. Quando ele não respondeu, a própria Lucy cobriu a diferença, tirando o dinheiro de seu apertado orçamento doméstico. Foi um grande sacrifício pessoal e financeiro. Com esta inesperada sorte em sua vida, o sonho de Maud de frequentar o Prince of Wales College tornou-se possível de realizar. Aquele seria, conforme ela depois declarou, "o ano mais feliz" de sua vida.

O ano mais feliz

Depois de receber apoio financeiro de sua avó, tudo o que Maud precisava era de trabalho árduo – o que para ela não era problema. Retornou à escola e preparou-se para o difícil exame de admissão ao Prince of Wales College. Sentia falta da "velha turma", mas se empolgava por estar de volta a uma sala de aula. Sentava-se em sua antiga carteira com vista para o bosque de abetos e fazia longas caminhadas na hora do recreio. Estudava com vigor, lia todos os livros que chegavam às suas mãos. Certa vez provocou um colega ruivo, que por causa disso passou meses sem falar com ela. Este episódio chegou até *Anne de Green Gables* – mas no romance foi a ruiva Anne quem guardou ressentimento.

Maud passou a gostar de sua nova professora em Cavendish, a senhorita Selena Robinson. As duas trabalhavam juntas na preparação de Maud para a faculdade, e em junho a jovem estudante mal continha a ansiedade. Havia somente um obstáculo à frente: os temidos exames de admissão à universidade. Maud estava tentadoramente perto do que antes parecia uma fantasia sem esperança, o sonho de "um pouco mais de estudo".

Em julho de 1893, com 18 anos, Maud foi para Charlottetown, cheia de expectativa e medo. Os exames duraram uma semana inteira, foram provas longas e exaustivas. "Ainda estou viva", escreveu em seu diário, "mas tão cansada que não sei se vale a pena!". Ela fez a prova de inglês de manhã, em uma sala com sessenta desconhecidos esperançosos. Na tarde do mesmo dia, fez a prova de história – "e que prova difícil", observou. O dia seguinte foi ainda pior: agricultura, geografia, francês e aritmética, todas no mesmo dia. E, na manhã seguinte, latim, álgebra e a temida geometria.

Duas semanas depois, a lista de aprovados foi publicada no jornal local. Não havia possibilidade de passar discretamente por aquilo. Amigos, vizinhos, parentes, todos compartilharam os resultados – exultando de triunfo ou encolhendo-se de frustração. De 264 candidatos, Maud ficou em quinto lugar e com apenas 21 pontos de diferença do primeiro colocado.

Não há registro da reação dos avós de Maud à boa nova. Ela foi até a praia para celebrar sozinha, em um "glorioso fim de tarde", vermelho e dourado pelo pôr do sol, observando os barcos passar sobre a "cintilante glória" da água.

Naquele mesmo mês de agosto, Maud soube que seu querido avô paterno, o Senador, havia falecido em Park Corner. Ele deixara a maior parte de seus bens para o filho mais novo, James. O eterno desventurado Hugh John recebeu apenas uma quantia simbólica. Maud não recebeu nada – nem esperava receber – do avô que havia tido tanto orgulho de seus êxitos. Seus primos do sexo masculino nunca precisaram preocupar-se com os custos de seus estudos; estas despesas eram consideradas naturais. Já uma garota não poderia esperar a mesma consideração. A ajuda viria somente da severa e reservada avó Lucy Macneill e dos esforços da própria Maud.

Foi a avó Macneill, sozinha, quem levou Maud até a universidade, em setembro. O avô Alexander Macneill ficou em casa, emburrado, enquanto Lucy atrelava o cavalo à charrete e levava a neta e todos os seus pertences ao longo de quarenta quilômetros de estradas de terra esburacadas até Charlottetown, uma pequena e agitada cidade de onze mil habitantes. As duas não conversaram muito no trajeto. Mais uma vez Maud lamentava deixar para trás sua amada Cavendish – mas estava abrindo seu caminho para o futuro.

Maud havia providenciado a acomodação mais barata possível em Charlottetown. Sua senhoria, a senhora MacMillan, fornecia uma comida insípida, condições precárias de higiene e um aquecimento tão fraco que muitas vezes a temperatura dentro do quarto era congelante. Maud empilhava suas roupas em cima da cama para servir de coberta, usava até tapetes do chão para se aquecer. Mas sua colega de quarto, uma adorável menina chamada Mary Campbell, compensava as acomodações precárias. Maud e Mary Campbell rapidamente se tornaram grandes amigas – e assim permaneceram. Elas brincavam sobre o "ditto frio" – apelido que inventaram para o carneiro cozido gorduroso que era servido todos os dias. Certa noite Mary encontrou um pedaço de sabão dentro de seu pão – sem custo extra.

As duas moças saíam para passear de barco, para a ópera, piqueniques e outros passeios. Assistiam a palestras gratuitas, incluindo várias de um conhecido evangelista – uma espécie de psicólogo popular daquele tempo – que converteu todas as meninas presentes, exceto Maud e Mary. Mary sabia que Maud a teria provocado impiedosamente se ela tivesse se deixado levar como as outras.

Antes e acima de qualquer coisa, porém, Maud se dedicava aos estudos. Para economizar tempo e dinheiro, assumiu uma carga intensiva dupla, fazendo em um ano um curso que duraria dois. As meninas mais ricas faziam o curso tranquilamente em três anos, mas Maud precisava obter seu diploma o mais rápido possível. Fez catorze matérias naquele precioso ano em Prince of Wales, incluindo agricultura, álgebra, química, geometria, grego, horticultura, latim, história romana, administração escolar e trigonometria. Mas Maud amava cada minuto. Declarou que Prince of

Wales College era "absolutamente encantador". E ainda encontrava tempo para escrever ficção e poesia.

Pela primeira vez na vida, Maud foi recompensada por seu trabalho – na forma de uma assinatura – por um poema chamado "O feitiço da violeta", da revista *Ladies' World*. Ela ficou empolgada com este avanço. E encontrou outro espírito afim e apoiador na faculdade – o sério e bravo professor Caven, que não só elogiava seu trabalho em particular, mas sentia-se impelido a escrever elogios em público. Maud também fez amizade com as estudantes, mas era exigente. Tinha pouca paciência com professores tediosos, mas menos ainda com meninas ricas que simplesmente se sentavam "como estátuas" na sala de aula.

A senhoria de Maud mudou-se um pouco mais para baixo na mesma rua, Fitzroy Street, para uma casa não mais confortável que a anterior, mas Mary Campbell e Maud foram junto, em um caótico amontoado de caixas. Dessa vez Maud pediu para ficar no quarto dos fundos, no terceiro andar. Certa tarde, a senhora MacMillan abriu a porta para um jovem pretendente indesejável que ficou horas fazendo a corte a Maud. Foi a única vez que Maud confrontou a senhora MacMillan, pedindo a ela que não deixasse entrar visitantes que não eram esperados, especialmente aquele rapaz cansativo. Se ele viesse de novo, a senhora MacMillan deveria se lembrar de dizer que Maud não estava em casa.

– Lembre-se! – entoou Maud sonoramente, segurando a perplexa senhoria pelos ombros e em seguida saindo apressada da sala.

Naquele ano, Maud recebeu a visita de outros pretendentes mais bem-vindos, incluindo seu primo favorito, Jack Sutherland, em quem certa vez ela foi flagrada dando um beijo de boa-noite. Ainda recebia cartas apaixonadas do persistente John Mustard, de Prince Albert. Um jovem chamado Lem McLeod era sua companhia mais constante, mas Maud manteve o relacionamento em um nível superficial. Gostava de passear com Lem e o considerava "um rapaz simpático e alegre". Mas dizia que, se visse Lem uma vez por semana, "era suficiente".

Em Charlottetown, Maud vivenciava um novo tipo de liberade, suas energias eram nutridas por desejos e aspirações. Segundo seus próprios relatos, ela dormia pouco e mal, quase não tinha dinheiro, mas nunca havia sido mais feliz na vida. Participava de eventos animados, rodeada de pessoas igualmente interessadas em livros, em política e no mundo das ideias.

Os estudos intensos de Maud exigiam disciplina; os amigos e colegas proporcionavam distração quando necessário. O caos na pensão da senhora. MacMillan não a perturbava. No final do ano, ela ficou em sexto lugar entre 126 alunos, mesmo com a carga de aulas dobrada. Ficou em primeiro lugar em teatro inglês, literatura, agricultura e administração escolar, o que não era uma façanha simples – cerca de cinquenta alunos foram reprovados.

O trabalho final de Maud foi apresentado na formatura daquele ano. Ela escreveu sobre *O mercador de Veneza*, de Shakespeare, e os jornais de Charlottetown deram destaque ao discurso, tanto pelo conteúdo como pela apresentação. Maud recebeu mais elogios que o orador da turma e o vice-governador da província. Um dos artigos comparou Maud a George Eliot adolescente e descreveu o ensaio como "uma joia literária".

Os Macneills não estavam presentes para assistir. Nem o avô nem a avó foram à formatura de Maud em Prince of Wales. Maud foi aprovada nos exames finais e então, com poucos dias para recuperar o fôlego, prestou os exames ainda mais difíceis de licenciatura, finalmente obtendo seu diploma de professora.

Se o avô Alexander Macneill ficou impressionado com alguma destas conquistas, ele nunca demonstrou. Mais uma vez foi a avó Lucy quem foi sozinha buscar a neta e todos os seus pertences. Pela primeira vez, Maud sentiu emoções confusas ao voltar para casa. Ansiava por rever sua amada Cavendish, mas lamentava deixar para trás aquele ano feliz e triunfante de sua vida.

Professora em Bideford

    Afinal, o avô Macneill não apenas ficou indiferente aos êxitos de Maud, como também não fez nada para ajudar a neta depois que ela voltou para Cavendish. O magistério era uma das poucas profissões respeitáveis para uma mulher jovem e inteligente que queria ocupar seu espaço no mundo – e no entanto a probabilidade de Maud conseguir um emprego continuava ínfima. Os homens sempre eram contratados antes das mulheres, por salários mais altos, sob o pressuposto de que o magistério era uma medida temporária antes do casamento, e não uma carreira para a vida toda. Além disso, as credenciais de Maud não eram fortes. Ela tinha apenas um ano de faculdade, ao passo que muitas das candidatas concorrentes tinham três.

    Maud escreveu para inúmeras escolas na Ilha do Príncipe Edward, mas havia ainda um obstáculo à frente. Todas as boas escolas exigiam uma entrevista pessoal. Ela teria de se apresentar pessoalmente para se candidatar ao emprego. Em princípio não era algo tão complicado, mas o avô Macneill se recusava a levá-la para as entrevistas. E, para que esposa ou neta não lhe passassem a perna, recusou-se inclusive a emprestar o cavalo e a charrete.

Presa em casa, Maud via, impotente, uma vaga após outra ser ocupada por candidatos que compareciam pessoalmente para a entrevista. Passou os meses de junho e julho de 1894 preocupada com onde – e se – conseguiria um emprego de professora.

Por fim Maud recebeu uma proposta de última hora para lecionar na cidadezinha de Bideford. O salário era baixo, e a escola era pequena e mal equipada. Ela foi contratada numa quinta-feira, e sua chegada era esperada para o sábado. Cheia de ansiedade e esperança, na véspera de partir ela escreveu em seu diário sobre o que tinha pela frente – "uma nova vida entre novas pessoas". Sabia que sentiria falta de sua "querida Cavendish" – isso era certo. Mas, prometeu a si mesma: "se trabalho árduo e perseverante puder trazer boa sorte", ela triunfaria.

Suas amigas Lu e Penzie a levaram até a estação às cinco horas da manhã. Um temporal estava se armando, mas as duas moças mantiveram Maud distraída e dando risada. Ela apreciou a viagem de trem para Bideford. Somente quando avistou a escola propriamente dita foi que se sentiu vacilar. Era "tão artística quanto um celeiro e desoladamente localizada no alto de um morro nu e árido". Naquela mesma noite, Maud ficou conhecendo uma de suas futuras alunas – uma menina quase duas vezes mais alta que ela. Sentia-se uma estranha em um lugar desconhecido, inadequada para a tarefa que tinha pela frente. Toda vez que alguém a chamava de "professora", ela se surpreendia e sentia vontade de rir.

Na segunda-feira de manhã, sentia-se apreensiva demais para rir. Encarou vinte crianças mal-ajambradas, com idades entre 6 e 13 anos. Bideford era uma comunidade pobre. Alguns alunos de Maud tinham problemas físicos e mentais. A escola, conforme ela imaginara à primeira vista, era "grande, suja e precária" – e escaldante no verão. A jovem professora Maud anotou os nomes de todas as crianças e fez um breve discurso, mal consciente do que dizia e sentindo-se "mais tola e deslocada do que nunca na vida".

Na primeira tarde, Maud estava a ponto de chorar de exaustão, mas viu que os alunos eram inteligentes e interessados, embora lamentavelmente despreparados. Na hora do chá da tarde, seu ânimo tinha melhorado num grau considerável. Ainda adolescente, Maud tinha o irrestrito otimismo da juventude. Conseguiu encontrar uma acomodação aconchegante na casa do pastor metodista, sua esposa e a linda filhinha deles de 7 anos – uma das três Mauds em sua classe e, conforme ela logo constatou, uma aluna aplicada. O senhor Estey, o pastor, passava muito tempo fora de casa, e a esposa, uma mulher simpática e descontraída, apreciava a companhia de Maud. A casa paroquial ficava num local pitoresco, com um bonito jardim, e a menos de um quilômetro de distância da escola. Maud nunca dormira em um quarto tão grande, e com ampla vista para a baía. Logo passou a gostar muito da senhora Estey e da pequena Maud.

Foi também imediata a sensação de acolhimento pela comunidade de Bideford. O trabalho de professora a mantinha ocupada o suficiente para não ter tempo de sentir saudade de casa durante a semana. Nos fins de semana, havia passeios para colher frutos silvestres, chás, jantares, passeios noturnos, piqueniques. E, para sua surpresa, Maud descobriu que era uma professora popular. A cada semana mais alunos apareciam na porta de sua sala de aula. Depois de um mês, a classe tinha aumentado de vinte para trinta e oito alunos. Alguns eram mais velhos que ela. Maud gostava de todos eles, chamava-os de "um pequeno grupo muito querido e prestativo", e eles demonstravam seu afeto trazendo ramalhetes de flores recém-colhidas, até que sua mesa, conforme ela declarou, parecia "um verdadeiro jardim florido".

Maud gostava dos desafios de lecionar. Não só descobria a cada dia uma classe cada vez mais numerosa de estudantes de variadas idades e capacidades, como também viu-se incumbida de outras funções não relacionadas ao ensino. A escola não recebia os suprimentos necessários de lenha e de

CASA DOS SONHOS: A VIDA DE LUCY MAUD MONTGOMERY

material para as aulas. Maud comprava com seu próprio dinheiro, e além disso sobrava para ela limpar a sala de aula e apagar o fogo todos os dias, na hora da saída. Seus deveres de professora incluíam copiar à mão todas as lições, preparar os alunos mais velhos para os exames, organizar recitais, corrigir e dar notas nos trabalhos e preparar a si mesma e os alunos para as intimidantes visitas dos inspetores escolares locais. Por todo este trabalho ela ganhava menos de duzentos dólares anuais.

A casa paroquial dos Esteys era um refúgio depois dos longos dias de trabalho. Ao contrário das experiências anteriores de Maud com hospedagem, comida ruim e cômodos congelantes, a jovem senhora Estey era uma dona de casa caprichosa. Era também excelente cozinheira e tinha uma conversa agradável.

Certo dia, receberam a visita de outro pastor, e em homenagem a ele a senhora Estey assou um bolo, sem perceber que acidentalmente o aromatizou com linimento analgésico – um remédio usado para aliviar dores musculares. O resto da família parou, horrorizada, depois de dar a primeira mordida, mas o pastor que estava de visita comeu calmamente a fatia inteira. Maud usou este famoso incidente em *Anne de Green Gables*, atribuindo o engano à pobre Anne. A senhora Estey lembra bastante a fictícia esposa do pastor que gentilmente conforta Anne depois de seu erro.

Maud gostava um pouco menos do senhor Estey, o chefe da casa, que a fazia lembrar de seu avô Macneill, tão difícil de agradar. A senhora Estey era submissa demais ao marido, na opinião de Maud, e o senhor Estey não hesitava em impor-se a Maud também. Esperava que ela fosse a organista substituta na Igreja Metodista, apesar de Maud frequentar a Igreja Presbiteriana e de nunca na vida ter gostado de tocar em público. Declamar era uma coisa; tocar órgão era outra!

Maud fez amizade com um primo de segundo grau, Will Montgomery, e os dois tinham conversas longas e interessantes, sobre assuntos que variavam de livros – seu predileto – a política externa da Rússia e educação para as massas. Certa manhã, Will e sua família levaram Maud num barco

Liz Rosenberg

a remo até Bird Island, para um piquenique. Mas alguém roubou o barco e eles ficaram literalmente ilhados. Era um dia frio de outono, e, depois que o sol se pôs, eles tiveram de encarar a perspectiva de passar a noite na Ilha, sem comida e sem abrigo. No final, um grupo de homens os levou até uma ilha vizinha, onde o próprio Will construiu uma jangada. Por fim chegaram em casa em segurança, depois da meia-noite, com Maud jurando, como sua trisavó fizera, manter distância de viagens de barco e ficar sempre em terra firme.

Quando não estava ocupada dando aula ou em companhia dos novos amigos, Maud ficava em contato com seu mundo por meio de cartas. Amava escrever e receber cartas – especialmente o "tipo certo" de carta, longa e com novidades. O senhor Mustard havia finalmente desistido de lhe fazer a corte, para grande alívio de Maud. Mas ela tinha notícias frequentes de Will e Laura Pritchard, e também de Mary Campbell, sua amiga de faculdade de Prince of Wales. Embora Maud estivesse feliz lecionando em Bideford, havia ocasiões em que se sentia sozinha e triste. Suas mudanças de humor ficavam mais pronunciadas e difíceis de lidar. Maud sempre fora uma menina de emoções intensas – variando em um mesmo dia da empolgação para o desespero. Agora, porém, aproximando-se da idade adulta, parecia estar pior, e, quando estava em um estado de espírito de desânimo, sentia-se realmente péssima.

Na época de Maud havia pouca, ou nenhuma, compreensão de transtornos mentais – e o tratamento era muito precário, mesmo que houvesse um diagnóstico. A contemporânea de Maud, por exemplo, a escritora britânica Virginia Woolf, sofria de um severo transtorno bipolar, e o "tratamento" consistia em deitar-se cedo, evitar escrever, evitar ter companhia e beber bastante leite.

Maud recorria a seu diário em busca de conforto. Embora ainda adolescente, sentia-se prematuramente velha e extenuada. A "glória e o sonho" pareciam mais distantes, a infância parecia longínqua, ainda mais agora que estava desempenhando o papel de professora mais velha e mais sábia para seus alunos.

CASA DOS SONHOS: A VIDA DE LUCY MAUD MONTGOMERY

Mas ela ainda conseguia sair de seu estado de espírito depressivo. Um "encontro arrebatador" com amigos, uma breve viagem de volta a Prince of Wales College, ir às compras, algumas horas acarinhando o gato da casa paroquial, um passeio de charrete ao luar pelas ruas cobertas de neve, que brilhavam como "fita de cetim" – qualquer uma destas atividades era suficiente para animá-la a um ponto de quase êxtase.

Em outubro, seu amigo e acompanhante Lem McLeod a surpreendeu ao declarar que estava apaixonado por ela. Maud sempre considerara Lem um pretendente descontraído, não verdadeiramente sério, mas naquela noite as coisas mudaram. Lem parecia firme e determinado.

– Maud, eu vim aqui esta noite para lhe dizer uma coisa – afirmou.

Ele a amava profundamente, disse, e queria saber como ela se sentia. Havia outra pessoa? Maud, sempre compelida a dizer a verdade, admitiu que não havia ninguém.

Estava determinada a estudar mais, explicou, e neste ponto foi interrompida por Lem, que insistiu em saber se, assim que ela concluísse os estudos, se ficaria "tudo bem" entre eles. Maud balbuciou e gaguejou ao longo do restante de sua recusa. Era jovem demais para pensar em casamento.

– Eu também sou novo – observou Lem, obstinado. – Mas estou falando a sério, Maud, estou mesmo. E espero que um dia você me aceite – e concluiu desejando a ela sucesso e felicidade. – Eu quero bem a você. De verdade.

O pedido dele era comovente, digno... e sem esperança. Maud gostava de Lem, e sempre gostaria. Previa – corretamente – que se tornaria um homem de negócios bem-sucedido e encontraria uma boa moça para se casar. Ainda assim, escreveu em tom de tristeza: "É uma coisa horrível... dizer a um homem que você não quer se casar com ele".

Um novo pretendente chamado Lou Distant apareceu, feliz por levar Maud para longos passeios. Maud estava se tornando cínica com relação a seus namorados. Sobre Lou, ela escreveu: "Ele é realmente uma pessoa muito conveniente", mas os poemas de amor que ele lhe mandava – copiados palavra por palavra de revistas populares – a faziam rir alto. Lou sublinhava as frases que gostava mais: "Ela era tão miúda / um botão, pequenina e pura", e assim por diante. Isso não impedia que Maud o deixasse acompanhá-la para festas e palestras. Também não a impedia de aceitar os presentes que ele lhe ofertava. Lou levava para Maud um novo romance cada vez que a visitava – uma bênção especial, já que não havia na residência metodista nenhum livro "fútil". Ela e Lou tinham conversas "agradáveis e alegres" – embora, observou ela meio em tom de brincadeira, "não tão gratificantes quanto as tardes que passava sozinha com poesia e *donuts*". O tempo livre havia se tornado um luxo raro. Quando tinha oportunidade, Maud separava uma horinha para se sentar junto à lareira com um livro nas mãos.

Na primavera, a *Ladies' Journal* de Toronto aceitou um dos poemas de Maud, chamado "Na Praia do Golfo". O pagamento foi em forma de elogios e homenagens, ela logo percebeu, mas ficou encantada com o reconhecimento. A *Ladies' Journal* era uma revista feminina popular e influente. Cada sinal de progresso incentivava Maud a se esforçar ainda mais. Durante esta fase tão agitada, ela escreveu centenas de histórias e poemas, o tempo todo registrando as atividades diárias e as observações em seu diário.

Os anseios de Maud se voltaram para seus próprios estudos também. O maravilhoso ano em Prince of Wales College não havia aberto as portas que ela esperava. Ela decidiu tentar fazer um curso de um ano na prestigiosa Dalhousie University, na cidade de Halifax. Estava convencida de que a continuidade dos estudos impulsionaria sua carreira de escritora e acalentava uma esperança secreta de que este passo pudesse também levar a um emprego na área do jornalismo. Halifax estava se tornando rapidamente um centro de comércio, imigração e mudança social. Maud não podia pagar um curso completo de bacharelado, mas acreditava que – ou tentava se convencer de que mesmo apenas um ano em uma "faculdade de verdade", em uma cidade de verdade, poderia fazer diferença.

Maud economizou ao longo do ano todo. Mesmo com o custo da acomodação em Bideford, conseguiu economizar cem dólares de sua renda anual de cento e oitenta. Mas ainda não era suficiente para cobrir as despesas de um ano em Dalhousie. E assim, mais uma vez, a avó Macneill veio em socorro da neta. Lucy Macneill contribuiu com oitenta dólares de suas economias para possibilitar a Maud realizar o seu sonho. Para uma senhora que vivia da venda de seus produtos agrícolas, oitenta dólares era uma quantia enorme e um grande presente. Representava uma porção significativa das economias de uma vida.

O avô opôs-se veementemente ao plano de Maud de estudar em Dalhousie, é claro. Maud achava que até a avó Lucy não aprovava nem compreendia seu desejo. Mas não havia ninguém mais para ajudar – Hugh John continuava não colaborando com os estudos da filha, e Maud não tinha condições de ganhar muito. Foi então que, uma última vez, a idosa Lucy Macneill salvou a situação sozinha.

Maud terminou aquele primeiro ano de magistério em Bideford com afetuosos discursos e eventos de despedida. O ano terminara com mais de sessenta alunos na classe. Todas as meninas choraram ao dizer adeus, e muitas mulheres adultas, também. A própria Maud não conteve as lágrimas. As crianças, ela escreveu, tinham "se infiltrado no meu coração". Os alunos prepararam uma apresentação de despedida e fizeram uma vaquinha para comprar para Maud uma caixinha de joias com acabamento de prata. Cada um levou um buquê e uma braçada de folhagens. Maud guardou cuidadosamente o discurso de despedida em um de seus álbuns de recortes.

Maud partiu de Bideford em junho, afirmando ter sido "um ano muito feliz", mas não saiu completamente imune. Mais uma vez um jovem pretendente que ela não levara a sério provou ser o contrário. Era Lou Distant, aquela "pessoa conveniente". Maud o rejeitou da maneira mais gentil que pôde, assegurando a Lou, assim como fizera com Lem McLeod, que ele logo a esqueceria. Dessa vez ela estava enganada. Anos depois ela encontrou um Lou Distant de coração partido. Sob a lapela do paletó puído ele ainda usava uma plaquinha que Maud lhe dera anos antes.

Maud passou o verão na casa de Cavendish, onde pela primeira vez na vida sentiu saudade de outro lugar. A única amiga que ainda morava na cidade era a professora Selena Robinson, e, quando esta partiu para New Glasgow, Maud sentiu-se abandonada. A avó Lucy tinha feito tudo o que podia para prover apoio financeiro a Maud, mas apoio emocional era algo inexistente. O avô desaprovava tudo. Os vizinhos e amigos não disfarçavam seu espanto diante dos planos de Maud. Uma mulher disse que não podia imaginar "para que neste mundo" Maud precisava estudar mais.

– Você quer ser pregadora? – perguntou certa vez.

Em 16 de setembro de 1895, a avó de Maud, agora com mais de setenta anos, novamente levou a neta para onde ela precisava ir, dessa vez atravessando a Ilha do Príncipe Edward até a barca para Dalhousie, na Nova Escócia. Maud parou em Charlottetown e passou uma noite relaxante com amigas. Mas a avó Macneill virou a charrete e percorreu o longo trajeto de volta para Cavendish sem ajuda nem companhia.

Halifax!

"HALIFAX!" Com 21 anos, Maud escreveu o nome da cidade, com letras maiúsculas, em seu diário no dia 17 de setembro de 1895. Conforme ela observou, a chegada à cidade era um momento importante, "digno de letras maiúsculas"! Em comparação com a Ilha do Príncipe Edward, Halifax – situada em uma península de cerca de sete quilômetros de largura por três quilômetros de comprimento – parecia a Maud uma grande metrópole.

Halifax abrigava um dos portos mais movimentados do mundo, que abastecia seus estaleiros, ferrovias e fábricas. A cidade contava com todas as conveniências modernas – iluminação a gás, sistema de bonde elétrico, telefones, uma prefeitura totalmente nova. Havia bairros elegantes com grandes mansões, mas também imigrantes pobres amontoados dentro de cortiços e fábricas. Maud via uma cidade efervescente de extrema riqueza de um lado e extrema pobreza de outro. O recém-construído Grande Teatro e casa de Ópera acomodava dois mil espectadores. As poltronas eram estofadas em veludo carmesim, as paredes eram decoradas em tons de vermelho e dourado. Enquanto isso, imigrantes chineses perambulavam pelas ruas carregando sacos pesados de roupa para lavar, chegando a trabalhar até vinte horas por dia.

Maud contava com Halifax para impulsionar sua carreira. Certamente, em meio a toda aquela agitação, alguém lhe ofereceria um emprego na área de jornalismo ou publicidade. Ela deixara para trás a remota Ilha do Príncipe Edward, onde suspeitava que até o carimbo do correio com as iniciais IPE nos envelopes que postava com as cartas candidatando-se a vagas de emprego a marcavam como uma pessoa esquisita e sem sofisticação.

A universidade de Dalhousie era uma instituição nova, sem história, quase tão "verde" quanto a própria Maud. Havia sido fundada como uma faculdade não sectária em 1818, mas nos primeiros cinquenta anos nenhum estudante ou professor pisou ali. A primeira turma a se formar era menos numerosa do que a classe de Maud em Bideford.

O entusiasmo inicial de Maud pela cidade se dissipou rapidamente, e com a mesma rapidez aflorou a saudade de casa. Mas Maud resolveu aproveitar o tempo ao máximo. Enquanto as outras estudantes de Dalhousie viviam agrupadas no que era chamado de "Terceiro Andar e Meio", Maud ficava no andar abaixo delas, fisicamente e não. Muitas das meninas de Dalhousie tinham alto poder aquisitivo. A faculdade era meramente uma experiência pré-marital, uma brincadeira. Faziam seu curso sem pressa alguma, ao passo que Maud mais uma vez comprimiu dois anos em um.

O Halifax Ladies' College tinha regras estritas para as residentes. A de que Maud menos gostava – e frequentemente desobedecia – era apagar a luz às dez horas da noite. Tantas vezes ela se enfiava debaixo das cobertas, ainda vestida, com um livro nas mãos.

"É de fato um apartamento horrível e deprimente", lamentou em seu diário. As meninas ricas de Dalhousie pouco se esforçavam para fazer com que Maud se sentisse bem-vinda. O *campus* propriamente dito, declarou, consistia de "uma grande e feiosa construção de tijolos em uma área nua e igualmente feiosa". Maud não conseguia deixar de comparar com a escola de Cavendish, encravada em um arvoredo de abetos, e com a vida social e descontraída em Prince of Wales College.

Entretanto, estava tão ansiosa para amar quanto para ser amada. Começou a dar aulas para os filhos dos imigrantes chineses no tempo livre. Fazia longas caminhadas buscando consolo na natureza. Os turistas se apinhavam no elegante novo Jardim Público de Halifax, com seus jardins formais, fontes e coreto. Maud preferia o menos conhecido Point Pleasant Park. Ali, em meio ao verde das árvores, com um vislumbre da água azul e longos trechos de flores silvestres, ela se sentia em casa.

E Maud tinha o dom de encontrar beleza nos lugares mais improváveis. Em outubro, descreveu sua caminhada diária, passando por um hospital e por ruas de casas muito pobres como "adorável". Trabalhava febrilmente em novos poemas e histórias e dedicava-se a passeios turísticos, visitando monumentos famosos de Halifax e indo assistir pela primeira vez na vida a um jogo de futebol. Se não conseguisse encontrar alguém para ir passear com ela, reunia coragem e se aventurava sozinha – e conseguia se divertir.

Então, certa noite em outubro, Maud foi deitar-se cedo, com dor de cabeça. Na manhã seguinte, a responsável pelos dormitórios abriu a porta de seu quarto, espiou para dentro, deu uma olhada em Maud e declarou que ela estava com... sarampo!

Outra aluna também contraiu sarampo, uma petulante senhorita Rita Perry, de quem Maud nunca gostara. As duas desventuradas foram levadas para a enfermaria do hospital e acomodadas em leitos. Ficaram em isolamento por duas semanas, seguindo uma rígida dieta de chá e torradas. No início, Maud e a senhorita Perry se sentiam muito mal para se importar com qualquer coisa, mas, à medida que começaram a se recuperar, o tédio e o isolamento se fizeram sentir. Bem como a parca dieta. Sem outra companhia exceto uma da outra, as duas moças passaram a simpatizar-se, "falando à vontade sobre repolhos e reis... e rapazes! E coisas para comer!"

A amável enfermeira distraía as pacientes lendo histórias para elas. As outras moças de Dalhousie enviavam cartas diariamente e ficavam do lado

Liz Rosenberg

de fora da janela, fazendo mímicas das novidades e fofocas da semana. Depois que Maud e a senhorita Perry se recuperaram, Maud mudou-se para cima, para o "Terceiro Andar e Meio", perto das outras moças, com um quarto aconchegante só para ela.

Naquele inverno, Maud dedicou-se de corpo e alma aos estudos, em um valente esforço para recuperar o atraso. Estava determinada a não desperdiçar nem um vintém de seu dinheiro ou do da avó Macneill. Quando escrevia para casa, enfatizava as longas horas que passava estudando. Mas em seu diário ela comentou com satisfação ter comparecido a um evento social na igreja usando um "vestido de crepe de cor creme com gola de seda rosa", com um filete de fitas de seda cor-de-rosa claro" no cabelo.

Magra e ainda abatida por causa da doença recente, Maud enfrentava todos os dias a saudade de casa. Manter-se ocupada ajudava, e esta era uma arte que ela aprendera a dominar muito cedo. Quando chegou a época do Natal, ela estava desesperada para ir para casa. Todas as moças estavam indo para suas respectivas casas para passar as festas de fim de ano.

Maud ficou magoada quando a avó Macneill a aconselhou a não ir. Era mais prudente, escreveu a avó, evitar as estradas cobertas de neve. Maud sabia qual era o verdadeiro motivo da avó. Sua visita em casa traria inconveniências que não valiam a pena, especialmente para o avô Macneill. "Vovô não quer ser perturbado com minha presença nem ter o trabalho de me trazer de volta."

Se ela precisasse de um lembrete de seu *status* na família, aquele Natal transmitiu a mensagem com acerto. Nenhuma das outras meninas deixou de ser convocada para voltar para casa. Maud passou o Natal em companhia de algumas professoras de Dalhousie, entre elas a formidável senhorita Kerr, que, segundo Maud, "a natureza deve ter pretendido que nascesse homem... e fez alguma confusão".

Duas das professoras estavam brigando, e Maud ficou com receio de falar alguma coisa e piorar a situação.

No final do dia de Natal de 1895, contudo, Maud declarou que a comemoração havia sido "agradável, afinal". O almoço fora muito bom, e a tarde fora de conversas interessantes. Maud estava aprimorando seu dom especial: extrair o máximo de qualquer situação e ver o lado bom nas circunstâncias mais difíceis. Era um dom que ela passaria para suas heroínas fictícias e um recurso que a sustentou nos anos que viriam.

Uma notícia de Cavendish pareceu insignificante na época. O idoso e amado pastor de Cavendish, senhor Archibald, havia aceitado uma colocação em outro lugar e estava indo embora depois de dezoito anos. Maud não tinha como saber como seria importante para o seu futuro a chegada de um novo pastor à cidade. Na época pensou apenas que "será muito estranho ter outro pastor".

Maud ia bem nos estudos em Dalhousie, mas não se sentia tão desmotivada desde que fora aluna de John Mustard. Anos depois, viria a desejar ter passado seu precioso ano de liberdade no exterior. Apesar disso, tirou a nota mais alta no exame de latim e ficou em primeiro e segundo lugar em todas as outras disciplinas, exceto inglês... na qual foi reprovada! Depois desse golpe, ela redobrou os esforços.

O dia 15 de fevereiro de 1896 trouxe outra maravilhosa e inédita surpresa para Maud. Ela nunca se esqueceu da data, pois foi um marco em sua carreira de escritora. Pela primeira vez na vida, ela recebeu *pagamento* por sua arte. Maud ganhou cinco dólares – o equivalente a uma semana de aulas de piano – por um único poema. Vencera um concurso organizado pelo *Evening Mail*, respondendo à pergunta "Quem tem mais paciência, o homem ou a mulher?". A resposta de Maud, não inesperada, foi *mulher* — e ela escreveu sua argumentação em verso, sob o pseudônimo de Belinda Bluegrass.

Maud decidiu gastar aqueles preciosos cinco dólares em algo que fosse duradouro, que a fizesse lembrar-se de sua gloriosa conquista. Comprou cinco livros de poesia, de Tennyson, Longfellow, Whittier, Milton e Byron. Alguns dias depois, ela recebeu outro cheque, de uma revista da Filadélfia, *Golden Days*, por um conto. A escritora em ascensão sentiu-se encantada e encorajada – e rica!

Liz Rosenberg

Os dois meses seguintes trouxeram ganhos financeiros positivos. Em março, Maud ganhou doze dólares por um poema na *The Youth's Companion*. Isto foi especialmente gratificante, porque "a *Companion* publica somente as melhores coisas". Dias depois, a *Golden Days* enviou outros três dólares pelo poema "A Época de Colher Maçãs". Nem mesmo os parentes e vizinhos de Cavendish podiam ignorar estes sucessos. A reputação literária não significava nada para estas pessoas, mas o dinheiro era inquestionável. A ocasião não poderia ser melhor, já que o ano experimental de Maud em Dalhousie estava chegando ao fim. Em abril, Maud prestou seu último exame em Dalhousie – e, ela exultou, "provavelmente o último exame que farei na vida!"

De modo geral, no entanto, o ano em Dalhousie foi um fracasso. Nenhum emprego na área de jornalismo apareceu para Maud. A capacidade de abrir seu caminho no mundo estava mais instável que nunca. O único lugar para onde ir era a casa dos avós. Maud deixou para trás seu confortável quartinho no Terceiro Andar e Meio e retornou para Cavendish – e para um futuro incerto.

Belmont e os Simpsons Simpsônios

Outra vez Maud se viu em desvantagem porque não podia ir pessoalmente às escolas para ser entrevistada. O avô Macneill não ajudava Maud em nada naquela tolice de querer ter uma profissão, mas ela contava com novo apoio. Era seu bonito e inteligente primo Edwin Simpson, que ela ficara conhecendo um pouco melhor durante aquelas visitas anuais a Park Corner.

Edwin tinha herdado a boa aparência da família Simpson e também a inteligência. Havia conseguido guardar dinheiro suficiente de suas aulas para ir à universidade e indicou Maud na antiga escola onde lecionava, ajudando-a a garantir a vaga antes ocupada por ele na escola da comunidade de Belmont, a quase cinquenta quilômetros de Cavendish.

Maud passou o verão com os avós. Não era mais criança, e seus tempos de estudo tinham terminado. Fazia longas caminhadas pela Alameda dos

Apaixonados, ia à igreja, onde achava estranho não ver o pastor senhor Archibald no púlpito. No andar superior de sua casa, no quarto onde dormia no verão, relia cartas antigas, incluindo as cartas de amor de Nate Lockhart, e "um intenso desejo de voltar àqueles dias felizes e queridos tomava conta".

Alguns de seus sonhos de infância estavam finalmente se tornando realidade. Maud recebeu mais um cheque de cinco dólares da *Golden Dreams* por um conto. Vizinhos e amigos em Cavendish invejavam sua "boa sorte", mas poucos imaginavam "quantas decepções vinham antes de um sucesso". A jovem escritora estava começando a compreender como era longa e lenta a ascensão do caminho alpino.

Maud tornou-se introspectiva naquele verão. Lia filosofia e começou a considerar seu próprio ponto de vista espiritual. Ia obedientemente à igreja duas vezes aos domingos, embora em seu diário confidenciasse que "é suficiente ir à igreja uma vez no domingo". Sua ideia de um dia de descanso perfeito era escapar para "o coração de um bosque solene". Ali ela podia comungar com a natureza e "minha própria alma". Mas tinha noção de que não podia compartilhar suas convicções com as pessoas de Cavendish. "As solteironas ficariam horrorizadas", escreveu em tom irônico.

Em agosto, Maud partiu para assumir seu cargo de professora em Belmont, a poucos quilômetros da casa do primo Edwin Simpson. Nas primeiras noites hospedou-se na casa dos Simpsons – Edwin já havia ido para a faculdade –, observando a família, que se revelou um grupo bastante peculiar. Edwin tinha três irmãos: Fulton, um "perfeito gigante" com mãos e pés enormes, Burton e Alf. Este último Maud concluiu ser o menos "simpsônio" do grupo. Havia também a irmã adolescente de Edwin, Sophy, que Maud dizia ser "a criatura mais sem vida que já conheci". Felizmente Maud tinha sua tia-avó Mary Lawson como companhia e consolo. Tia Mary declarava que os Simpsons, tendo se casado entre si durante anos, eram "de uma estirpe única".

Depois de alguns dias desconfortáveis com os "Simpsons simpsônios", Maud foi procurar acomodação mais perto da nova escola. O vilarejo de

Belmont era pitoresco, situado perto de Malpeque Bay. Mas a primeira impressão que ela teve dos habitantes locais lhe causou um "pressentimento assustador e arrepiante".

A escola de Belmont ficava localizada "na colina mais seca e árida que poderia ter sido escolhida". A frequência era baixa, somente dezesseis "crianças pobres e esquálidas". A construção era pequena e parcamente mobiliada; a chaminé ainda não havia sido instalada, e Maud chegou para encontrar as crianças agrupadas em volta do fogareiro frio, parecendo desamparadas. Muitas estavam surpreendentemente atrasadas nos estudos, mas uma menina, bem de vida e sobrinha de um curador, estava estudando para o vestibular em Prince of Wales College e esperava que Maud ajudasse voluntariamente nesta preparação.

As acomodações de Maud tampouco ajudavam. A senhoria, senhora Fraser, era boa cozinheira e mantinha a casa limpa, mas o quarto de Maud era pouco maior que um *closet* e implacavelmente gelado. O vento soprava através da casa. Certa manhã Maud acordou com uma camada de neve em seu travesseiro. A escola não era muito melhor, com um fogareiro que funcionava de modo precário. Tudo que Maud pensava, dia e noite, era em como se aquecer.

Sempre que possível, Maud escapulia para a casa dos Simpsons, mas acabou se vendo parte de um triângulo amoroso bizarro. Gostava bastante do primo Alf e de passear e conhecer lugares. Seu grandalhão e doentio primo Fulton, no entanto, ficava enciumado e raivoso se Maud fosse para qualquer lugar com o irmão dele. Assim que Alf e Maud saíam de casa, Fulton corria para a janela para observar cada passo deles.

Maud relutava em se afastar dos Simpsons, mas tinha medo do que Fulton pudesse fazer. Ele a espionava, com o rosto pressionado contra a vidraça da janela. Maud lembrou-se da história de um pretendente rejeitado de sua mãe, que havia enlouquecido e se enforcado. Ela começou a ter insônia. Os únicos momentos felizes eram durante as raras visitas a velhos amigos fora da cidade, ou quando conseguia ficar a sós com aquela maravilhosa contadora de histórias que era sua tia-avó Mary Lawson.

Em janeiro, Maud conseguiu mudar-se para um quarto maior – e mais quente – no andar superior na casa dos Frasers, com aquecimento próprio. Na atmosfera quentinha, Maud se sentiu "como uma nova criatura". Naquele inverno, um evangelista que estava de visita em Belmont realizava avivamentos todos os domingos, que, segundo Maud, eram um entretenimento bem-vindo em contraste com "a mortal monotonia da vida no vilarejo". A igreja ficava tão lotada que faltavam lugares para sentar, mas pelo menos o fanático admirador de Maud, seu primo Fulton Simpson, tinha se acalmado e agora fazia questão de esnobar Maud sempre que podia.

Justamente quando Maud achou que havia escapado das garras do amor simpsônio, ela recebeu uma carta que a surpreendeu "mais do que qualquer outra que recebi na vida". Era de seu garboso primo Edwin Simpson, que estava estudando fora. Maud e Edwin haviam trocado correspondências algumas vezes desde que ele partira para a universidade. As cartas dele eram sempre longas e cheias de novidades. Esta seguia o mesmo padrão, mas, de repente, no meio da quinta página, Edwin fez uma declaração, que em vez de falar com ela pessoalmente tinha de declarar por escrito que "o que sinto agora preciso lhe dizer. É que eu te amo".

Maud quase deixou a carta cair. Mal conhecia o primo. Eram praticamente estranhos desde o primeiro encontro em Park Corner. Quando era mais jovem, Edwin Simpson lhe parecera insuportavelmente vaidoso e orgulhoso de si mesmo. Era considerado um campeão nos debates, bom orador público, e a família tinha grandes expectativas em relação a ele. Mas Edwin e Maud mal haviam passado dois dias juntos – muito menos tempo do que ela passara com outros rapazes que a tinham cortejado e sido rejeitados sem hesitação.

E, justamente quando se esperava que Maud mais uma vez dissesse um redondo "não", ela hesitou. Naquele verão, ela achara que seu primo havia melhorado em relação ao que era antes. Julgou-o com a cabeça fria, em contraste com a confissão dele de ter "uma paixão incontrolável" por ela. Edwin Simpson era bem-apessoado, com cabelo escuro e feições esculpidas; era inteligente e culto. Ele e Maud tinham coisas em comum, como antepassados, criação e educação, e tinham gostos semelhantes.

Maud sabia que seus avós desaprovariam. Os dois nunca haviam sido muito chegados aos Simpsons, e o avô Macneill era terminantemente contra o casamento entre primos de segundo grau. Pior, Edwin era batista – mais uma afronta aos presbiterianos Macneills. Mas, "se eu gostasse dele", concluiu Maud, seria "um arranjo muito adequado".

O problema, claro, é que Maud *não* gostava dele, isto é, não de modo romântico. Porém, não recusou prontamente. Se Edwin a pressionasse a dar uma resposta imediata – Maud escreveu de volta com bastante cuidado –, ela teria de dizer "não". Mas poderia, talvez, vir a gostar dele de outra maneira se ele fosse paciente e estivesse disposto a esperar.

Edwin respondeu com autoconfiança. Não aceitava a recusa de Maud.

Escreveu outra longa carta, anunciando que esperava uma resposta mais positiva. Aparentemente, ele se considerava um excelente partido. Havia sido nomeado editor-chefe dos trabalhos da faculdade e considerado um "Hércules" dos debates. Seu interesse atual era em Direito, declarou, e tinha tudo para ser um dia um advogado bem-sucedido. Era inteligente, charmoso, determinado e loquaz.

Presa na pequenina Belmont, Maud estava mais solitária que nunca. Tinha menos perspectivas. O novo trabalho docente era exaustivo. Verdade que estava ganhando certo reconhecimento literário. Num belo dia, duas de suas histórias foram aceitas por duas revistas diferentes, e isso a animou consideravelmente. E no entanto escreveu no diário, que meio de brincadeira chamava de "livro de reclamações": "Oh, meu Deus, será que a vida vale a pena ser vivida?". Talvez não, concluiu, quando a pessoa se sentia tão cansada e esgotada como ela se sentia.

Se não estivesse tão solitária, Maud talvez tivesse prestado mais atenção à sua intuição. Naqueles poucos dias em que ela e a tia-avó Mary Lawson dividiram um quarto na casa dos Simpsons, elas haviam analisado cada um da família. O desajeitado e doentio Fulton Simpson era completamente peculiar, como havia provado com seu apego quase demente. Alf, o irmão, era uma companhia agradável, mas não dançava – o que para Maud era um "pecado imperdoável". E a irmã mais nova era enfadonha.

Edwin Simpson era o melhor do grupo – o que não significava muita coisa. Ele nunca sabia quando parar de se vangloriar ou de falar. Não parava quieto, e seus tiques nervosos incomodavam Maud – estava sempre mexendo as mãos, retorcendo-as, tamborilando os dedos. Parecia ter melhorado nos últimos anos, mas Maud não havia passado tempo suficiente com o primo para saber se ele seria um possível parceiro.

Em abril, Maud havia tomado uma decisão, pelo menos: não retornaria a Belmont no próximo ano letivo. "Detesto Belmont", declarou, e os habitantes de lá, com muito poucas exceções, eram "perfeitos bárbaros". Seu humor oscilava entre depressão e hiperatividade. Sentiu-se inquieta e nervosa durante a primavera inteira e tinha dificuldade para dormir.

Em meados de abril, uma carta de Prince Albert trouxe uma notícia devastadora. O irmão de Laura Pritchard, o precioso, divertido e cheio de vida Will Pritchard, havia morrido repentinamente, de complicações de uma gripe. Maud sentiu-se doente de tristeza. Não conseguia acreditar – seu alegre e gentil amigo de Prince Albert, espírito afim, havia partido. Agoniada, leu novamente a última longa carta que Will lhe escrevera. Parecia ter sido no dia anterior que eles haviam entalhado suas iniciais no tronco de um álamo e caminhado juntos ao entardecer. Maud nunca admitiu que amava Will Pritchard, mas, trinta anos depois que ele havia morrido, ela sonhou que estavam noivos. E, quando Laura Pritchard devolveu o anelzinho de ouro que Maud deixara com Will, ela o colocou no dedo e o usou até o dia de sua morte.

Maud ficou em um estado de espírito vulnerável e perturbado nas semanas que se seguiram. Quando voltou a Belmont para terminar o ano letivo, Edwin Simpson apareceu lá pessoalmente. Maud sabia que os avós não aprovariam. Para eles, aquele primo batista seria um pretendente tão bem-vindo "quanto se fosse um muçulmano", mas ela tinha decidido que

CASA DOS SONHOS: A VIDA DE LUCY MAUD MONTGOMERY

se, quando olhasse nos olhos dele, sentisse que poderia vir a gostar dele romanticamente, aceitaria o pedido de namoro.

Depois disso, Maud viu Edwin Simpson na situação mais favorável possível – no salão da igreja, autoconfiante, admirado, falando com as crianças da escola dominical quando ela entrou. "Ele estava bonito, falava bem". Edwin era atencioso e gentil, e na volta para casa, ao luar, reiterou seu desejo de cortejá-la, como um bom advogado em treinamento. O momento era perfeito. Alguns dias antes, Maud teria se sentido insegura para responder; algumas semanas depois, compreenderia que "nunca poderia amá-lo como namorado". Porém, surpreendida pelo clima romântico do momento, Maud disse "sim". Edwin a beijou e agradeceu.

Maud entrou em casa naquela noite sentindo-se atordoada. Subiu as escadas e ficou sentada por um longo tempo no escuro, aturdida. Estava com 22 anos. Pela primeira vez na vida seu futuro estava garantido. Não se sentia feliz nem infeliz, não sentia nada, emoção nenhuma – certamente não como uma jovem deveria se sentir – ela tinha consciência – "tendo acabado de se despedir do homem a quem prometera se casar".

Nos dias que se seguiram, Maud se deu conta, com um "horror gelado" e arrepiante, de que a proximidade de Edwin não só a deixava fria, mas causava-lhe repulsa. Ela conseguiu adiar o uso de um anel. O noivado deles deveria ser longo e secreto, mas Edwin não era facilmente persuadido. Maud achava as noites passadas em companhia do noivo tão agonizantes quanto as que havia passado com o determinado e enfadonho Mustard em Prince Albert. Só que agora, junto com o sentimento de desgosto, vinham a autoaversão e o remorso.

Tudo que Maud descobria sobre o noivo só piorava as coisas. Edwin a fizera acreditar que tinha uma carreira bem-sucedida pela frente na advocacia. Agora que o compromisso entre eles estava seguro, ele revelou seus verdadeiros planos – tornar-se pastor. Um pastor batista! Maud sempre se considerara inadequada para a vida clerical. Sabia que o papel de esposa de pastor a limitaria de inúmeras maneiras. Edwin prontificou-se, um

93

tanto a contragosto, a desistir de seus planos se ela insistisse, apesar de que seria uma grande "inconveniência" para ele. Maud recuou rapidamente. A futura carreira de Edwin naquele momento parecia ser o menor de seus problemas. Em meados de junho, o torpor de Maud desapareceu. Em lugar da letargia, ela sentiu desespero. Não amava o noivo, ele a irritava e lhe causava repulsa. E no entanto estava comprometida a se casar com aquele homem ansioso. Como pudera cometer tamanho erro? Sentia-se desesperada, desorientada. "Não estou sendo Maud Montgomery, de jeito nenhum."

Belmont fervilhava com os comentários sobre o novo casal, e Maud evitava ouvir qualquer coisa a respeito, com uma irritação crescente. Não suportava ser lembrada do noivado. Sim, Edwin era "bom, bonito e inteligente". Se o casamento consistisse unicamente de conversas intelectuais, ela poderia suportar. Mas a ideia de ter contato físico com ele era angustiante.

A inquietação de Edwin, os tiques nervosos e a tagarelice ininterrupta faziam Maud ter vontade de gritar. Ele a cansava e a enfastiava, e pior, parecia totalmente inconsciente disso. Presumia que ela devia estar empolgada com o noivado. Mas cada fibra do corpo de Maud tremia "de revolta". Nem mesmo a beleza da primavera conseguia confortá-la. "Parece que um véu desceu entre minha alma e a natureza." Ela atravessou o glorioso mês de junho sem alegria, energia ou esperança. Não conseguia dormir nem comer. Cada dia era preenchido por um desespero crescente, e não havia uma única alma com quem ela pudesse desabafar.

Terminar um noivado não era algo simples no mundo de Maud – nunca é. Mas naquela época havia também considerações legais, além de sociais e éticas. Um pretendente rejeitado podia apelar para recursos legais. O escândalo era público, e qualquer moça que rompesse um noivado era para sempre considerada volúvel e indigna de confiança. A família e os vizinhos de Maud sempre a haviam considerado "estranha" e não convencional. Se rompesse com Edwin Simpson, reforçaria essa opinião. E que perspectivas futuras ela teria além de trocar de emprego de uma escola para outra, de um quarto alugado para outro?

Maud viu a primavera de 1897 como uma época de profunda mudança interior. Até então acreditava ter uma vida relativamente feliz, despreocupada. Sempre fora otimista sobre seu futuro. "A vida me parecia justa e promissora. Agora tudo havia mudado e obscurecido."

Maud sofreu seu primeiro episódio de ansiedade das "três horas da madrugada" naquela primavera. Andava de um lado para o outro no quarto, com os punhos cerrados, incapaz de pegar no sono, nem mesmo de ficar sentada, imaginando Edwin todo feliz pensando nela. Em um mundo de "beleza e contentamento", ela era uma "nódoa de infelicidade". Maud ansiava por sua casa, por Cavendish – acreditava que lá conseguisse encontrar um pouco de paz e calma outra vez. Na primeira "noite sombria da alma" da jovem vida de Maud, seus pensamentos se voltaram instintivamente para sua casa.

Ano de louca paixão

De volta a Cavendish no verão, Maud não sentia felicidade nem paz, mas, sim, como se tivesse passado por um ferro em brasa. O outono trouxe uma "beleza solene" a Cavendish, e algo nessa solenidade refletiu-se em Maud. Ela se sentia mais velha que seus 22 anos – não era mais jovem, nem orgulhosa, nem descontraída.

Maud escreveu: "Comecei a me sentir como sendo da minha espécie". Ela sempre tivera orgulho de sua capacidade e intelecto. Era frequente sentir-se diferenciada das pessoas "comuns" ao seu redor. Agora sabia que era capaz de cometer erros graves. Seu noivado era prova de um discernimento desastrosamente pobre. Nem sua criação nem sua inteligência a haviam impedido de tropeçar.

Maud foi poderosamente afetada pelos livros que leu naquele verão – e por um deles em particular. Era intitulado *The Love Letters of a Worldly Woman* ("As Cartas de Amor de uma Mulher Mundana), de

Casa dos sonhos: a vida de Lucy Maud Montgomery

W.K. Clifford, que lançava uma nova luz sobre as noções de sensualidade e "paixões terrenas". Maud nunca havia pensado sobre paixão física antes – era o tipo de assunto inadequado para moças. Ela vivia em uma família puritana. Seu futuro estava se fechando em torno dela, sentia-se "triste, carregada, limitada e tolhida". Mas leu com fascinação sobre uma mulher que encontrou liberdade em algo que era um tabu tão grande como a sexualidade.

Ao mesmo tempo, Maud experimentava uma curiosidade crescente sobre "as coisas espirituais e eternas". Começou a ver que as ideias da infância sobre religião não se encaixavam mais. Até mesmo a visão do céu, percebeu, já não prometia uma gratificação plena. Parecia haver somente duas escolhas para uma pessoa, a condenação eterna ou o tédio eterno. O céu, ela decidiu, devia ser "terrivelmente tedioso". Os Macneills não eram dados a discussões teológicas profundas; Maud não tinha a quem recorrer em sua perplexidade.

No verão e outono que precederam seu vigésimo terceiro aniversário, Maud percebeu que suas antigas crenças tinham enfraquecido, mas nada novo as havia substituído ainda. Ela se tornou introspectiva. As amizades eram poucas e distantes. Passava muito tempo sozinha, pensando e sonhando acordada.

Até que o longo noivado terminasse, ela tentava encontrar alguma coisa útil para passar o tempo. Mais uma vez o avô Macneill bloqueou seus esforços para obter um emprego de professora. Sugeriu que ela trabalhasse em uma loja – um trabalho mais útil e "feminino". Quando Maud objetou, ele se recusou a emprestar seu cavalo para que ela pudesse ir às entrevistas de emprego de professora. No início de outubro, quando já parecia não haver mais esperança, Maud recebeu um convite de última hora para lecionar em uma pequena escola em Lower Bedeque – novamente graças à intevenção de seu noivo, Edwin Simpson.

Maud agarrou-se avidamente a essa oportunidade. O amigo de Edwin Simpson, Alf Leard, estava deixando Lower Bedeque para estudar odontologia, e Maud ocupou a vaga deixada por ele. Também se hospedou na casa amigável e acolhedora de Alf como pensionista. Alf Leard tinha uma irmã, Helen, da idade de Maud. A casa dos Leards proporcionava uma mudança revigorante depois da melancolia sombria de Belmont e do isolamento em Cavendish. Era bom conviver em um lar familiar caloroso. Seis dos filhos ainda moravam lá – incluindo o irmão mais velho de Alf, Herman, um rapaz altamente conceituado em Lower Bedeque, que se preparava para assumir a fazenda do pai.

A casa dos Leards combinava as melhores qualidades da casa dos avós de Maud e a alegria da casa de tia Annie, em Park Corner. Os Leards eram muito respeitados na comunidade, mas não eram esnobes, tampouco especialmente intelectuais. Gostavam da companhia uns dos outros, de sair juntos ou de ficar em casa se divertindo. Gostavam de contar e ouvir piadas e apreciavam a presença de espírito de Maud e sua habilidade de contar histórias. Não demorou nada para ela se sentir em casa.

O único senão era o odioso noivado de Maud com Edwin Simpson, que ela ainda não tivera coragem de terminar. Lower Bedeque proporcionava um alívio bem-vindo para sua ansiedade.

A cidade ficava situada na orla sul da Ilha do Príncipe Edward, de frente para o Canadá continental, o que dava a sensação de se estar conectado com o mundo lá fora. Ali, Edwin Simpson estava fora da vista e do pensamento. Helen e Maud logo se tornaram amigas. Os catorze alunos de Maud pertenciam a famílias de fazendeiros abastados. Ela achava fácil e agradável lecionar em Lower Bedeque, com tempo de sobra para socializar e escrever.

Várias novas oportunidades de publicar suas obras apareceram no caminho da jovem escritora, muitas na revista *Golden Days*, que agora aceitava regularmente os poemas e histórias de Maud. Finalmente ela ingressava no mundo literário, encontrava-se no seio de uma família simpática e num lar feliz e confortável.

Edwin continuava a escrever fielmente, e Maud abominava as cartas longas e sentimentais. A tarefa de responder era um fardo quase insuportável. Mas pelo menos havia distância entre eles. No verão, Edwin tinha ido visitá-la em Cavendish. Enquanto ele falava sem parar na sala de estar dos Macneills, Maud pediu licença, subiu correndo para seu quarto e jogou-se na cama, chorando. "Não posso me casar com ele... nunca, NUNCA, NUNCA!". Depois, de alguma forma conseguiu se recompor, voltou para baixo e continuou a fazer sala para o noivo.

Lower Bedeque ficava muito longe para Edwin fazer visitas casuais. Maud se mantinha sempre bastante ocupada. Os moradores haviam dado boas-vindas de braços abertos à jovem e bonita professora, que logo ganhou popularidade. Também seus anfitriões, os Leards, receberam-na muito bem – e um deles em especial.

Quando Maud conheceu o filho mais velho, Herman Leard, simpatizou com ele – um rapaz agradável, de estatura um pouco abaixo da média. Maud o descreveu em seu diário como "moreno, franzino, com olhos azuis magnéticos". Ela não o achava bonito, pelo menos não num primeiro momento. Herman Leard parecia ser mais novo que seus 27 anos, tanto na aparência quanto no comportamento. Era descontraído e engraçado, qualidades que Maud apreciava nos homens, desde seu pai até o ainda pranteado Will Pritchard. Herman levava Maud para reuniões da Igreja Batista em Central Bedeque. Eles brincavam e conversavam durante todo o trajeto de ida e de volta.

Em uma noite enluarada em novembro, estavam voltando para casa, e Maud estava com sono. As estrelas brilhavam, a noite estava calma e linda. A charrete deslizava sobre a neve. Herman falava pouco. De repente ele passou o braço ao redor de Maud e a fez deitar a cabeça em seu ombro. Ela fez menção de recuar, mas viu-se puxada de volta para o abraço dele. O toque caloroso de Herman desencadeou uma reação de despertar elétrico no corpo e na mente de Maud.

Aquele trajeto ao luar, ela escreveu depois, foi o início de seu "Ano de louca paixão". Ao passo que os carinhos de Edwin lhe causavam repulsa, o mais leve toque de Herman a fazia estremecer. Ela se sentia feliz, assustada, "emudecida, paralisada". Aquilo era território novo, perigoso, ela compreendeu, mas uma experiência que havia esperado a vida inteira, "indescritível e arrebatadora".

Assim que chegaram, Maud pulou da charrete e correu para dentro de casa. Jurou que nunca mais chegaria perto de Herman outra vez, mas na noite seguinte ele a levou novamente para passear e outra vez colocou o braço sobre seus ombros, puxando-a para si. Os toques levaram a afagos, e os afagos, a longos beijos. A natureza apaixonada de Maud ganhou vida. Os abraços do pobre Edwin a deixavam "fria como gelo"; o primeiro beijo de Herman "inflamou cada veia e fibra do meu ser". A cada dia que passava, Maud se sentia mais profundamente enfeitiçada pela paixão. Embora não quisesse admitir, estava finalmente, desesperadamente, perdidamente apaixonada.

Maud registrou em seu diário todos os motivos lógicos pelos quais nunca daria certo um relacionamento entre ela e aquele atraente jovem fazendeiro. Mesmo que terminasse a indesejada ligação com Edwin Simpson, sua paixão por Herman Leard "parecia uma loucura total". Ele não tinha outra ambição além de cuidar da fazenda; tinha pouco interesse em literatura ou em debate de ideias. "Era impossível imaginar Herman Leard como marido." Até mesmo seu poder de atração era um ponto contra ele – ou pelo menos era no que Maud tentava acreditar; Herman era "apenas um jovem animal, muito atraente e interessante!"

Ela tentou convencer-se de que a família dele estava em um nível inferior ao seu, mas os Leards eram inteligentes, respeitados, uma conceituada família de fazendeiros, cidadãos importantes de Lower Bedeque, um lugar do qual ela gostava muito. A família gostava de Maud. Ela era louca por Herman. Qual era, então, o verdadeiro problema?

Maud guardou segredo até mesmo de seus diários, que ela não revelou em "Ano de louca paixão" nem em nenhum outro escrito. É o primeiro exemplo claro de sua honestidade transformada de fato em ficção. Havia uma razão importante para Maud e Herman não ficarem juntos: ele

Casa dos sonhos: a vida de Lucy Maud Montgomery

já estava prometido a outra moça. A biógrafa Mary Rubio ressalta que Herman havia andado "passeando por aí" com uma popular e bonita garota local chamada Ettie Schurman, muito antes de Maud entrar em cena. Maud deve ter ouvido os rumores em Lower Bedeque. Os dois eram considerados um casal perfeito – muito estimados e amplamente admirados na pequena comunidade. Era esperado que Ettie e Herman se casassem em breve. Por todo o tempo que Maud ficou hospedada na casa dos Leards, Herman continuava a acompanhar Ettie à igreja e a eventos sociais.

As pessoas em Lower Bedeque comentavam que Maud se exibia por causa de Herman, assim como o pobre apaixonado Fulton Simpson havia feito por causa de Maud – correndo de janela em janela toda vez que Herman saía de casa, tentando ver quem estava com ele e a que horas ele voltava. Nada disto mereceu uma única palavra em seus diários. O relacionamento de Herman e Ettie lançou uma luz sobre os eventos daquele ano. Maud contou para si mesma – e portanto para os outros – a história de amor que queria ouvir. Seu diário reflete um turbilhão de emoções emaranhadas: culpa e euforia, excitação e medo. Os fatos puros e simples, porém, não foram registrados.

Em seu diário, Maud se apresenta como uma jovem dividida entre dois pretendentes devotados, mas os fatos reais eram mais complicados e menos românticos. Maud e Herman agiam mal pelas costas de seus respectivos futuros cônjuges, namorando às escondidas. E, justamente quando parecia que as coisas não poderiam piorar, Edwin Simpson apareceu para uma visita surpresa.

Edwin tinha explicado anteriormente que não poderia sair para as férias de inverno. Enviara o presente de Natal de Maud pelo correio – um estilete de prata que ele grosseiramente informou ter custado "um bom dinheiro". Maud estava em seu quarto, no final de dezembro, quando a irmã de Herman, Helen, subiu até lá e perguntou:

– Quem você acha que está lá embaixo na sala?

Maud adivinhou, com um "pressentimento horrível" e sufocante: só podia ser o indesejável Edwin Simpson. Os Leards não sabiam nada sobre o noivado secreto de Maud. Edwin apresentou-se naquela noite simplesmente como o colega de escola de Alf Leard, portanto os Leards nem sonhavam que Edwin tinha vindo ver Maud.

A visão de Herman Leard e Edwin Simpson calmamente sentados lado a lado na sala de estar era mais do que Maud podia aguentar. Se fosse uma cena de um de seus livros, ela a teria descrito como uma grande comédia, mas, sendo real, seu senso de humor desapareceu por completo. Teve de morder os lábios para não gritar.

Um longo tempo depois que Edwin e os Leards haviam ido se deitar, Maud estava deitada no quarto, perto de Helen, sentindo-se febril de tanto desespero. Fora uma noite infernal. "Ali estava eu, sob o mesmo teto com dois homens, um que eu amava, mas com quem nunca poderia me casar, e outro a quem eu tinha prometido me casar, mas a quem nunca poderia amar! O que eu sofri naquela noite, entre horror, vergonha e medo, não tenho palavras para descrever. Todos os sentimentos sombrios dentro de mim pareciam ter-se libertado e amotinado de maneira selvagem."

Edwin partiu cedo na manhã seguinte para pegar um barco. Maud jurou para si mesma que acabaria com aquele noivado detestável antes mesmo de voltar a pôr os olhos em Edwin. Enquanto isso, os namorados secretos, Maud e Herman, retomaram seus encontros ilícitos. Tudo servia de pretexto para se encontrarem. Herman se esgueirava para perto de Maud quando ela estava lendo perto da lareira e segurava sua mão sob a camuflagem do xale, ou tirava o livro de suas mãos e a tomava nos braços, pressionando o rosto ao dela. Maud deslizava os dedos pelos cabelos castanhos encaracolados de Herman. Os dois se beijavam e "o céu inteiro parecia se abrir". Mas depois, sozinha em seu quarto, ela ardia de vergonha e confusão. Claro que não confidenciava com ninguém – com nenhuma parente, amiga, certamente não com Helen, que conhecia e gostava da namorada do irmão.

Maud escreveu na época: "Tenho... na minha constituição... o sangue apaixonado dos Montgomerys e a consciência puritana dos Macneills.

CASA DOS SONHOS: A VIDA DE LUCY MAUD MONTGOMERY

Nenhum dos dois é forte o suficiente para controlar o outro. A consciência puritana não consegue evitar que o sangue quente circule... mas pode envenenar todo o prazer, e envenena."

Maud não tinha certeza de até que ponto Herman a compreendia. Nunca soube quão bem ele conhecia seu coração. Certamente ele devia ter ouvido rumores sobre seu noivado secreto com Edwin Simpson. Maud tinha medo de que Herman achasse que ela não passava de uma "namoradeira sem princípios".

O próprio Herman era capaz de ter sentimentos profundos, Maud tinha certeza. Se ele estava brincando com fogo, ele mesmo tinha se queimado com a experiência. Para Maud, a lembrança dos beijos intensos, a sensação dos cabelos despenteados sob seus dedos eram dádivas preciosas, singulares, que, conforme ela escreveu mais de vinte anos depois, ela não "trocaria por nada, exceto pela vida de meus filhos". Sem aquele ano de paixão selvagem, por mais agonizante que fosse, "todo o resto da vida parece cinzento e sem graça". Ela nunca pôde negar ou refutar isso inteiramente nem desejar afastar a lembrança dolorosa. Nunca se sentiu mais viva do que naqueles momentos passados nos braços de seu amor. Foi o seu vislumbre do paraíso, Maud sentia isso. Nunca se esqueceu.

Depois da visista de Edwin, Herman ficou distante de Maud por uns dias. Deu a ela chocolates e livros como presente de Natal, com um simples "Para você, Maud". Mas, na véspera de Natal, perguntou se ela desceria até o quarto dele. Na noite seguinte, pela primeira vez foi ao quarto dela – ostensivamente para levar mais livros e chocolates. Ela o dispensou depois de um beijo impulsivo e apaixonado. Mas foi o início de um padrão, quase uma dança entre os dois. Ficavam afastados por algumas semanas, e então alguma coisa os aproximava e eles acabavam de mãos dadas secretamente na sala ou beijando-se na privacidade e penumbra do quarto de Maud, os braços de Herman ao redor dela.

Durante todo o tempo, Herman continuava se encontrando com Ettie – um fato que Maud omitiu em todas as suas confissões por escrito. Era frequente ele ir procurar Maud depois de ter saído à noite. Numa noite fatídica, ele chegou quase à meia-noite. Como de costume, levou para ela a correspondência e uma caixa de chocolates, o pretexto de sempre. Maud começou a conversar – tinha pavor dos "silêncios elétricos" que às vezes pairavam entre eles. Mas naquela noite estava exausta demais para conversas superficiais.

Herman também ficou em silêncio. Deitou-se ao lado dela e enterrou o rosto em seu ombro. Ela pediu que ele saísse. Ele ergueu a cabeça, e os olhares de ambos se encontraram. Naquele instante, Maud se sentiu na beira de um precipício. Então ele disse – Maud não registrou exatamente o quê – uma simples frase encorajando-a. Era um convite para o desastre. Maud era jovem, era vitoriana, mas sabia sobre mulheres que se entregavam antes do casamento e sobre bebês que nasciam fora do casamento. Nenhuma cidade pequena no mundo é tão remota que não tenha sua dose de escândalo. Por fim, Maud entrou em ação. Ela chorou ao mandá-lo embora.

– Herman… você já deveria ter ido há muito tempo. Oh, vá…!

Mesmo assim, ele ainda ficou por mais alguns momentos, deslizando para o chão, de joelhos, olhando para ela. Então a beijou e saiu.

Sozinha, Maud sentiu-se maravilhada. Era aquela a correta e aprumada professora Maud Montgomery? Somente um fraco e histérico *não* havia se interposto entre ela e a "desonra". Maud temia encarar Herman na manhã seguinte, mas ele, muito sensato, não disse nada. Manteve distância por mais alguns dias, depois reapareceu no quarto dela tarde da noite, pedindo uma lâmpada emprestada. Os dois voltaram aos velhos hábitos íntimos, abraçando, tocando, Maud "acariciando o cabelo encaracolado com a mão, que ele depois segurava e beijava como se fosse a última vez".

Herman voltou na semana seguinte. Dessa vez, quando Maud tentou mandá-lo embora, ele não foi. Olhou para o relógio, deitou-se ao lado dela e beijou-lhe o braço nu. Novamente fez "o mesmo pedido que fizera no outro dia, velado, meio inaudível, porém inconfundível". Por um momento o fôlego de Maud ficou suspenso, e sua "vida inteira cambaleou".

Uma última vez, Maud recusou. Não era para preservar sua virtude, ela confessou depois em seu diário, não era por senso moral, nem mesmo por medo de uma gravidez ou vergonha pública. O que a detinha era "o medo do desprezo de Herman Leard". Se cedesse, ele poderia desprezá-la, e ela poderia correr qualquer risco, menos esse.

Maud disse a Herman que ele "não deveria estar ali". Ninguém nunca estivera antes.

– Vá embora, Herman, vá!

Dessa vez ele não insistiu. Murmurou apenas:

– Está bem, querida. Eu vou.

Naquela noite, alguma coisa finalmente se rompeu entre eles. Herman pode ter compreendido que Maud não era uma namoradeira implacável e experiente, que ambos estavam arriscando tudo. E nunca mais voltou ao quarto dela.

Na primavera, uma notícia inesperada de casa mudou tudo de repente. O avô Alexander Macneill – o teimoso e irascível oponente de Maud – tinha morrido em Cavendish. Maud recebeu a notícia com choque. Nunca se sentira próxima do avô – muitas vezes sentira medo dele, mas ele era uma parte essencial de sua infância, e sua ausência era inimaginável. Viajou às pressas para casa, para perto de sua avó Lucy Macneill. Com esta crise na vida da família, ela colocou a lealdade acima dos desejos. Foi exatamente a decisão que sua fictícia Anne tomaria, voltando para Green Gables para ficar com Marilla.

O funeral de Alexander Macneill foi um evento grandioso e solene na comunidade. Trouxe à lembrança de Maud o funeral de sua mãe, naquela mesma sala. O avô Macneill, tão ameaçador e temível para Maud, parecia mais brando na morte do que nunca parecera em vida. Maud sentiu uma onda de afeto pelo homem que havia de certa forma prejudicado sua infância. A irmã dele, a tia-avó Mary Lawson, a maravilhosa contadora de histórias, adorava-o, e por intermédio das lembranças dela Maud podia imaginar o homem inteligente e promissor que ele havia sido um dia.

A morte do avô Macneill também revelou a vulnerabilidade de Lucy Macneill. Com setenta e tantos anos agora, a frágil mulher não tinha condições de tomar conta sozinha do correio, sua única fonte de renda. Além disso, o testamento do avô não deixava muito claras as suas intenções – e a posição da avó Lucy em sua própria casa ficou incerta.

Alexander Macneill deixara a fazenda para o filho John, que morava na casa vizinha, embora mal falasse com os pais. O dinheiro e a mobília da casa ficariam para Lucy. O tio John rapidamente reivindicou os estábulos e os cavalos. Por enquanto presumia-se que Lucy poderia ficar na casa enquanto vivesse, mas até quando o encrenqueiro John concordaria com esse arranjo? E como Lucy Macneill o enfrentaria se ele começasse a pressioná-la para se mudar?

Maud sabia que, enquanto ela estivesse por perto, a posição da avó na própria casa estaria fortalecida. Maud tomou uma decisão imediata. Iria embora de Bedeque tão logo o ano letivo terminasse e voltaria para ajudar a avó a sobreviver. Podia ajudar cuidando do correio, com as tarefas e manutenção da casa e todos as questões práticas. E estava preparada para enfrentar o agressivo tio John.

O *status* de forasteira na própria família ficou confirmado pelo testamento do avô: Alexander Macneill não deixou nada para Maud, nem mesmo um presente simbólico como recordação. Se Lucy Macneill dependia da neta para seguir em frente, ela também dependia da avó. Nenhuma das duas tinha para onde ir. Juntas, elas poderiam preservar a moradia e pelo menos um pouco de independência.

Maud agiu com bravura em outro *front* também. Alguns dias antes da notícia da morte do avô, ela finalmente escrevera para seu primo Edwin Simpson pedindo para terminar o noivado. Não inventou desculpas. A culpa era inteiramente dela, escreveu, esperando que o noivo a tratasse com desprezo.

Em vez disso, Edwin respondeu com uma carta "frenética" de vinte páginas. Queria saber se ela tinha ouvido rumores sobre ele, se as cartas que ele escrevia eram muito cansativas. Eram palavras de um coração partido e de partir o coração. Edwin era extraordinariamente humilde e emotivo. Talvez Maud mudasse de ideia, ele insistiu. Estava apaixonado demais para desistir tão facilmente.

Maud sentia a ironia de sua posição. Com Herman, o amante secreto que ela adorava, nunca tinha certeza de em que pé estava exatamente. Mas Edwin Simpson a amava de verdade. Se ao menos "eu o amasse como ele me ama... ou como amei... outro homem!" Mas Maud já sofrera demais vivendo em meio a mentiras. Precisava encarar os fatos, e fazer com que Edwin os aceitasse também. Escreveu implorando pela pena que ela sentia não merecer, que ele a deixasse livre do compromisso.

Edwin respondeu com outra longa carta, mais firme e mais jurídica que a anterior. Não libertaria Maud do noivado, insistiu, "sem um motivo justo". Aparentemente, o fato de Maud ter declarado que não o amava, que nunca o amaria, que o noivado deles a fazia sentir-se "aprisionada" não era uma justificativa suficiente. Edwin propôs que fizessem uma pausa de três anos, mas que enquanto isso continuassem próximos e se correspondendo. Se depois de três anos ela ainda sentisse que não poderia sentir amor por ele, então ele concordaria em romper definitivamente.

Maud ficou horrorizada. Para ela, o plano de Edwin era uma sentença de três anos de prisão. Na mesma hora escreveu uma carta amarga e zangada em resposta, da qual se arrependeu em seguida, mas sentia-se como um animal capturado em uma armadilha, "mordendo selvagemente a mão de seu captor". Precisava encontrar um modo de fazer Edwin entender que era melhor para ele livrar-se dela. A carta malcriada teve efeito. Alguns dias depois, Edwin mandou de volta o retrato dela, e, quando Maud abriu o envelope, um punhado de flores de macieira saiu esvoaçando – uma lembrança que ele havia pedido no dia em que Maud usara um ramo de flores de macieira no cabelo.

Ela estava livre.

Herman Leard pediu um retrato para lembrar-se de Maud. Ele a encurralou nos lugares habituais, tentando surpreendê-la sozinha. Na

LIZ ROSENBERG

véspera da partida, ele a abraçou e eles se beijaram apaixonadamente. Maud quase não tinha forças para se afastar. Seu amor por Herman era confuso, desconcertante, exaustivo, tolo... e eterno. Ela nunca o esqueceu. Com o coração partido, sentiu que sua vida tinha acabado – e na verdade até desejava que tivesse mesmo. Vivera uma paixão, e outra igual nunca mais viveria.

Herman Leard estava entre os demais na estação, na manhã seguinte, para despedir-se. Não houve tempo nem oportunidade para um adeus mais pessoal. A última visão de Maud quando o trem partiu foi a figura esguia dele afastando-se na plataforma.

De volta à casa dos sonhos

Maud não podia imaginar, quando partiu de Lower Bedeque, que ficaria presa em casa pela maior parte dos treze anos seguintes. Se soubesse, talvez não tivesse tido a coragem de começar. Passou uma primeira semana extremamente infeliz em Cavendish, sofrendo por causa de Herman e sentindo saudade de Bedeque, que agora parecia, em retrospectiva, um lindo oásis em sua existência solitária.

Maud havia retornado para o lugar de sua infância somente para se sentir presa na armadilha de suas antigas tarefas de infância. A avó, cada vez mais velhinha, esperava que Maud vivesse exatamente como ela própria vivia. Lucy Macneill ficava cada vez mais nervosa e cheia de manias. Se fosse se deitar às nove horas, esperava que a neta fosse se deitar às nove também. Se tomava banho uma vez por semana, Maud também deveria tomar banho uma vez por semana.

Maud sentia-se isolada, "uma estranha virtual" em Cavendish – tantos amigos de seu amado antigo grupo já tinham ido embora. Refugiava-se, como sempre, nos livros e na natureza. Relia cartas antigas, queimando muitas delas. Folheava os diários do passado, admirada em ver como sua vida havia sido fácil e feliz.

Mas seu verdadeiro aprendizado como escritora também começou durante estes anos difíceis. Sem lecionar, sem as algemas de um noivado indesejado, sem distrações sociais, Maud concentrou todas as suas energias em escrever. Conseguia trabalhar por longas horas seguidas. Não tinha medo de falhar – já estava acostumada com isso também. Alcançava novos sucessos literários para animar seu estado de espírito – cartas de aceitação e convites para enviar mais obras – e o ato de escrever em si era "um grande conforto para mim nesses dias tristes". Maud estava de volta aos seus queridos aposentos de verão no andar superior da casa, com vista para os bosques de álamos e abetos e campos de trevos vermelhos. Era provavelmente o único lugar do mundo capaz de curar seu coração partido. "A casa está quieta, a atmosfera é de sonho", escreveu.

Durante os dois anos seguintes, duras realidades a atingiram, uma após outra, uma série de golpes. No verão de 1899, um ano depois que Maud partira de Bedeque, ela recebeu a chocante notícia de que seu atraente, misterioso e vibrante jovem amante, Herman Leard, tinha morrido repentinamente em decorrência de uma gripe. A avó Macneill leu a respeito no jornal local e, sem saber de nada sobre a história da paixão de Maud com Herman, mencionou casualmente o fato.

A reação inicial de Maud em seu diário foi intensa, carregada de tristeza e fúria. Era mais fácil, confessou, pensar nele morto, "meu, todo meu na morte, como nunca poderia ser em vida, meu, com nenhuma outra mulher podendo ter seu amor ou beijar seus lábios".

Todo o ciúme oculto de Maud explodiu com a notícia da morte de Herman. E claro que foi de Ettie Schurman que todos se lembraram, no funeral e depois. Ettie sofreu muito, do fundo do coração e por muito tempo. Plantou miosótis azuis no túmulo dele. Todos em Bedeque prantearam Herman e lamentaram pela pobre Ettie. O funeral de Herman foi um evento grandioso, mas Maud não participara de nada. Tudo o que lhe restou fazer foi recortar a notícia da morte dele no jornal e colar em seu álbum de recortes. Não tinha uma fotografia para olhar e relembrar, então recortou um retrato de uma revista popular de um jovem de cabelos escuros, com ar sonhador e usando farda, que achou muito parecido com Herman. Escreveu que era "tão parecido que poderia ser ele". Conforme mostram algumas fotos de arquivo do verdadeiro Herman, entretanto, a que Maud recortou da revista não tinha semelhança alguma com o jovem fazendeiro.

Agora que Herman estava no mundo espiritual, será que ele saberia quanto ela tinha sido apaixonada, quanto o adorava? Quão profundamente ele havia tomado conta do seu coração? O pensamento a deixava apavorada, mas quase tão insuportável era o pensamento de que o fantasma de Herman passasse por ela friamente, "como um espírito frio e impessoal". Maud desejava poder estar "nos braços de Herman, tão fria quanto ele na morte".

Pelo resto do ano, Maud se esforçou, em vão, para recuperar a compostura. Tentou retomar um estilo de vida antigo que não mais se adequava a uma mulher adulta. Visitava parentes, frequentava o grupo de costura local, participava de festas sociais e envolveu-se com a Sociedade Literária de Cavendish – mas tudo o que ela tanto prezava quando criança havia agora perdido o sabor. Sentia-se velha e sozinha, deslocada e quase solteirona. Enquanto seus vizinhos socializavam, ela se refugiava no bosque. Muitas pessoas de sua idade se interessaram pelo novo *hobby* do ciclismo, mas ela preferiu fotografia. Escrevia poemas e histórias e lia como uma "ébria por livros", pois agora era ela quem selecionava os livros para a Biblioteca de Cavendish.

Janeiro de 1900 trouxe a notícia de uma morte ainda mais chocante, que também abalaria o equilíbrio da existência de Maud. O telegrama de Saskatchewan dizia apenas: "Hugh J. Montgomery faleceu hoje. Pneumonia. Morte tranquila pacífica indolor."

Maud mergulhou em um silêncio atordoado pela morte do pai. Durante a maior parte de sua vida tinha se arranjado sem mãe nem pai por perto. Agora estava completamente órfã. Durante seis meses não conseguiu escrever uma única palavra sobre a morte do pai. Até mesmo a ambição de ser escritora pareceu morrer com Hugh John. Apesar de ele viver tão longe, Maud sempre sentira conforto no fato de saber que o pai estava em algum lugar do mundo e que a amava e tinha orgulho dela.

Ela escreveu, em linhas que nenhum biógrafo até hoje foi capaz de ler sem um terrível senso de pena e ironia: "Você deixou sua 'pequena Maudie' completamente sozinha? Isso não combina com você". Na verdade, era o que o pai havia feito a vida inteira.

Maud tinha apenas 25 anos, mas já sofrera perdas profundas: a mãe, tão jovem, o grande amigo Will Pritchard, o avô Macneill, o amado porém inacessível Herman Leard e agora o "querido pai" também. Este último baque a afundou em um luto apático que durou meses – mas talvez a tenha libertado também. Maud sabia, sem sombra de dúvida, que dali por diante "teria de enfrentar o mundo sozinha".

As palavras eram a sua salvação, seu trabalho e sua esperança. Pouco a pouco, a arte retornou para a vida de Maud. Ela avaliou sua situação com imparcialidade. Analisou seus pontos fortes e fracos. Tinha poucos recursos financeiros – o pai tinha lhe deixado duzentos dólares, e ela tinha outros cem, de suas economias; tinha um grau de educação "escasso e superficial" e experiência suficiente apenas para ser uma professora mal paga. "Não tenho influência alguma, de nenhum tipo, em nada, nem em parte alguma", declarou com franqueza. Mas Maud era jovem e cheia de energia. Amava a vida, apesar de todas as tristezas que dela faziam parte. Acreditava em si mesma, ainda que ninguém mais acreditasse. Tinha, com certeza, "habilidade para escrever". A cada ano produzia um pouco mais. Naquele ano havia ganhado quase cem dólares. Não era o suficiente para sobreviver, mas a independência financeira estava se aproximando. Maud tinha determinação. Tinha um dom, as pessoas diziam, para fazer as coisas acontecer. Enfrentaria o futuro, decidiu, com "uma coragem inflexível".

Naquele verão, uma oportunidade inesperada surgiu no caminho de Maud. Quando era uma ambiciosa universitária em Dalhousie, ela tinha ansiado por ingressar na carreira jornalística. Agora, anos depois, um velho conhecido de Dalhousie escrevera para avisar que o *Halifax Echo*, o jornal vespertino da cidade, estava procurando um revisor e perguntava se ela estava interessada.

Maud ganharia cinco dólares por semana – mais do que ganhara em todas as escolas onde havia lecionado. O emprego temporário poderia trazer novas e melhores oportunidades. Ela e a avó concordaram que era uma chance boa demais para deixar passar. Maud providenciou para que seu primo Prescott ficasse em casa com a avó pelo período que ela ficasse fora.

A perspectiva de sair de Cavendish reacendeu a energia de Maud, deixando-a "industriosa e digna de respeito" durante todo o verão. Ela "tocava e dançava conforme a música", envolvendo-se em todas as atividades da igreja, bem como dedicando-se a jardinagem, culinária, confecção de bolos e artesanato doméstico, atividades que sua avó tanto valorizava.

Maud encontrou um público regular para suas obras de ficção juvenil e publicações em revistas religiosas, e agora escrevia histórias sob encomenda – não do tipo que gostava mais, admitia, "alegres e animadas", mas com uma moral a embutida. Acrescentou novas revistas à sua lista de publicações e em troca se esforçava para agradar cada editor. Sua produção era prodigiosa, ela trabalhava longas horas e até bem tarde, mas "Ah, eu amo o meu trabalho!", exultava.

Maud foi para a entrevista de emprego em Halifax em setembro, esperando ficar apenas alguns dias. Em vez disso, foi contratada imediatamente para a vaga no jornal. Seu primo Prescott, que morava na casa vizinha, concordou com certa relutância em fazer companhia à avó durante o inverno.

Na agitada Halifax – não em maiúsculas desta vez –, primeiro Maud padeceu com uma imensa saudade de casa; depois, como vinha acontecendo nos últimos anos, com a depressão que a atormentava a cada inverno. Provavelmente Maud sofria de uma condição atualmente conhecida como transtorno afetivo sazonal. Naquela época não havia conhecimento sobre esse transtorno nem tratamento. Como um relógio, o humor de Maud começava a piorar em novembro, por volta do seu aniversário, agravava-se ao longo dos dias curtos de inverno e só melhorava quando o sol e o calor retornavam, entre maio e junho. Sentia-se letárgica e exausta no inverno e ansiosa e inquieta na primavera e no verão. Estes sintomas cíclicos podem ter sido manifestação de um transtorno bipolar de humor em curso, fortemente vinculado à ausência ou presença de luz solar.

Mas Maud não tinha tempo para cair em depressão. Precisava sair-se bem em sua nova função de jornalista. Era a única mulher na equipe editorial do *Echo*. Além de revisora, tornou-se uma espécie de faz-tudo no jornal. Copidescava, atendia o telefone, escrevia sua própria coluna e cobria todos os eventos da sociedade, com exceção de obituários. "Evidentemente os funerais não fazem parte da sociedade", observou com aspereza.

Maud trabalhava numa forma antiga de publicidade e promoção, recortando anúncios do jornal matutino e enviando-os. Começou a entrevistar os responsáveis por negócios locais, escrevendo parágrafos elogiosos das lojas. Um chapeleiro grato mandou entregar a ela um chapéu novo, em reconhecimento aos elogios ao seu estabelecimento, o que ela aceitou encantada. Esse "milagre", como ela descreveu, nunca se repetiu.

A coluna de Maud no *Echo* chamava-se "Ao redor da mesa de chá" e era assinada pelo pseudônimo Cynthia. Consistia de um pouco de tudo, desde atrações turísticas locais até tendências de moda e *hobbies*. Quando não havia cartas da sociedade, era função de Maud inventá-las – a tarefa de que ela menos gostava.

Vez ou outra o *Echo* publicava um romance em capítulos. Certa vez foi "Um noivado real", um romance sobre a família real britânica que havia sido publicado em um jornal inglês. Quando o final da história se extraviou em meio à correspondência, Maud teve de inventar um final. Ela protestou, alegando que não tinha conhecimento de criação de romances, e muito menos da família real. Mas o editor insistiu. Dias depois Maud achou engraçado ouvir a conversa de duas mulheres no bonde sobre como a história tinha se arrastado indefinidamente para de repente terminar com um final feliz. Dali por diante, sempre que havia problema com alguma série do jornal, Maud era incumbida de salvar a situação.

Maud ainda encontrava tempo para escrever suas próprias histórias comerciais. Não se orgulhava da qualidade destas obras, mas ganhava com elas mais do que no jornal. E de vez em quando escrevia o que considerava "uma encarnação adequada e apropriada da arte que venero".

Maud andava pelas ruas movimentadas de Halifax sem se sentir em casa. Combatia a depressão e a saudade de Cavendish, que eram constantes. "Não existe solidão como a da multidão", observou.

A vista do seu quarto em Halifax era de quintais sombrios e lúgubres. Porém, como sempre, Maud combatia a melancolia. Redescobriu uma antiga amiga dos tempos de faculdade e fez amizade com uma moça no escritório comercial do *Echo*. E, quando não tinha escolha, andava sozinha de bonde ou fazia longas caminhadas pela cidade. Frequentava a Igreja Universalista, cujo culto parecia-se mais com "uma palestra ou concerto" do que com um evento religioso. Até suas desventuras tinham um ângulo divertido, em retrospectiva, e tudo era material para sua arte.

Maud floresceu nesta recém-descoberta liberdade. Podia pensar e escrever o que quisesse, sem ninguém para censurá-la ou contradizê-la. Derramava seus pensamentos e observações em seu diário. É ali, nas páginas dos diários, mais do que nos textos escritos com fins comerciais, que se podem ver o humor da autora, o olhar afiado e o surgimento do verdadeiro gênio descritivo. Os futuros rei e rainha da Inglaterra, observou, eram inexpressivos – o duque, "um homem insignificante com nariz vermelho". A duquesa, declarou, "parece ser o homem do casal".

Quando o mês de maio chegou, o desânimo invernal de Maud havia passado. Seus pensamentos se voltaram, como sempre, para a Ilha do Príncipe Edward. Embora gostasse do trabalho no jornal, não conseguia gostar da populosa Halifax. E ficara sabendo que o primo Prescott e sua avó não estavam se entendendo. Suspeitava que o primo estivesse sendo mesquinho com a avó. Novamente o dever a levou para casa. Dessa vez, Maud jurou não ir embora de novo enquanto pudesse cuidar da avó. Fiel à sua palavra, ficou lá até o fim.

Ao voltar para Cavendish, Maud descobriu que seu tio John estava pressionando a mãe para sair da casa. Ele esperava que ela pudesse ir morar com algum dos outros filhos, e que o filho dele, Prescott, assumisse a propriedade. Quando Lucy e Maud resistiram, John reagiu com sua brutalidade característica e cortou relações definitivamente.

Embora morasse na casa ao lado, não movia um dedo para ajudá-las. Parecia sentir prazer em criar obstáculos para a felicidade e conforto das duas. Sua raiva era implacável. Nunca mais visitou a mãe, até ela estar no leito de morte – mas fez muito para preocupá-la e perturbá-la até então.

Era Maud quem promovia a vida social na casa. Ela e a avó continuaram ativas na igreja. Maud cozinhava, fazia as tarefas mais pesadas, consideradas "serviço de homem", e cuidava do correio. Ninguém da família ajudava, nem por um dia que fosse. Se os Macneills esperavam enfraquecer a determinação de Maud, escolheram a mulher errada. Ela ficava ainda mais determinada, e até a frágil e idosa Lucy Macneill fincava o pé.

A lealdade de Maud foi imediatamente recompensada em um *front* importante. Eram poucos os seus antigos "espíritos afins" que restavam em Cavendish. A amiga de infância Penzie havia crescido e se distanciado, com outros gostos e interesses, tornando-se uma típica matrona. Quase todas as amigas de Maud estavam casadas, e a maioria dos amigos havia ido embora da Ilha. Mas uma nova professora chamada Nora Lefurgey chegou à cidade naquele outono. Nora era vivaz, inteligente, atraente, independente e divertida. Maud dizia que sua nova amiga era "positivamente uma enviada de Deus". As duas combinavam em tudo, e isso, na pequenina Cavendish, era, segundo Maud, "um gostinho de milagre".

No inverno, Nora foi se hospedar com as Macneills. Maud e Nora eram ambas solteiras, mulheres elegantes com vinte e poucos anos – uma idade em que, naquela época, muitas já se consideravam solteironas sem esperança. Mas elas não se viam dessa forma. Tinham um diário em comum, no qual escreviam coisas engraçadas, provocantes, comentários sarcásticos, piadas particulares e outras bobagens. Escreviam sobre os poucos pretendentes potenciais na cidade, acusando uma à outra de estar apaixonada por algum bom partido. Foi neste diário compartilhado, em 1903, que pela primeira vez soubemos da existência de Ewan Macdonald, o pastor que estava de visita na igreja de Cavendish. Maud escreveu que tinha ido sozinha à reunião de quinta-feira à noite na igreja, já que Nora estava resfriada. Queria ver de perto o "nosso novo *suprimento*". Quem sabe seria ele "*a* pessoa", escreveu brincando.

"Esta manhã tivemos um escocês pregando para nós, ele é "um pitelzinho", e todas as moças ficaram encantadas. Meu coração batia tão rápido que eu mal conseguia tocar os hinos. Ainda está um pouco fraco, por isso vou parar agora."

Também descreveu em seu diário suas primeiras impressões sobre o novo pastor "pitelzinho", mas depois rasgou essas páginas e as destruiu. É seguro dizer que Ewan Macdonald atraiu a atenção de Maud, não mais do que tantos outros rapazes interessantes que ela conheceu e considerou que valiam a pena, porém nunca chegou a ter por eles um sentimento profundo.

No mesmo ano em que conheceu Nora, 1902, Maud foi apresentada por um amigo em comum a dois escritores que consideraria como amigos para o resto da vida. Ambos eram solteiros na época e moravam longe, e Maud se correspondia com eles por cartas; cada um deles se tornou uma conexão essencial, com quem ela podia falar de seus sentimentos sobre a vida, o amor e a literatura. Um era Ephraim Weber, professor menonita e latifundiário na região oeste do Canadá. Weber tinha a aspiração de ser escritor. Era "um correspondente ideal", Maud descobriu para sua surpresa, e suas cartas abrangiam um amplo escopo de assuntos intelectuais. O outro era o gentil George MacMillan, um jornalista escocês. As cartas de MacMillan não eram tão sofisticadas quanto as de Ephraim Weber, mas Maud tinha a impressão de que, "como homem, ele é superior ao outro". Estes dois amigos de longa distância eram solitários, articulados e amantes dos livros, o que fazia deles correspondentes ideais.

Quando não estava ocupada falando bobagens com Nora ou tirando fotografias escrevendo ou nadando no rio Saint Lawrence, Maud entrava facilmente em um estado de solidão e tristeza. A preocupação com questões domésticas e financeiras assombrava Maud e sua avó naqueles anos. Moravam na casa vizinha do tio John, e no entanto havia uma distância entre eles como se vivessem em outro país. John era dono dos estábulos no terreno delas e recusava-se a permitir que Maud e a mãe dele usassem um cavalo e a charrete. As duas mulheres eram forçadas a depender de outras pessoas até para o transporte mais básico.

Às vezes, nos piores dias, Maud lia as piadas compartilhadas com Nora no diário e não entendia como podia ter escrito aquelas coisas. "Estou cansada da existência", confidenciou em seu diário.

Ela nunca se recuperou totalmente do "ano de louca paixão" com Herman Leard. A tristeza a assombrava. "A vida tem sido péssima para mim nos últimos cinco anos." Mas ninguém poderia imaginar a profundidade de sua tristeza. Maud conseguia disfarçar na frente de outras pessoas. Sabia que era considerada "uma moça muito alegre", mas com frequência deixava-se levar pelo desespero. Estava chegando aos 30 anos e, quando estava no mais sombrio estado de espírito, sentia pouca esperança no futuro: "A vida só vai ficar mais difícil para mim, a cada ano. Em breve a juventude terá ido embora, e eu terei de enfrentar uma meia-idade monótona e solitária. Não é uma perspectiva agradável".

No verão de 1903, Nora Lefurgey concluiu seu período docente e foi embora de Cavendish. Maud procurava novas amizades. Em setembro, Ewan Macdonald, o encantador novo pastor de 34 anos, assumiu o ministério na igreja de Cavendish. Ele costumava passar pelo correio dos Macneills para conversar com Maud, e esses momentos descontraídos acalmavam a ambos.

Maud ganhou quinhentos dólares naquele ano, por seus escritos. Vivenciava a deliciosa novidade de receber solicitações de novos trabalhos por parte dos editores de revistas. Seu nome apareceu em um artigo sobre os escritores em ascensão no Canadá. Embora não tivesse noção disso, Maud estava preparando a base para a sua mais famosa casa dos sonhos.

Os invernos brutais entre 1902 e 1905 trouxeram as piores nevascas da história da Ilha do Príncipe Edward. O correio parou, ninguém visitou ninguém por vários dias. A neve se empilhava de todos os lados da casa, até o telhado. Os cômodos no andar térreo ficaram mergulhados na penumbra, e o vento soprava através da casa, mantendo Maud prisioneira. Assim que conseguiu pisar do lado e fora outra vez e caminhar um pouco sob o sol dourado de inverno, Maud sentiu que podia "perdoar" a nevasca... apenas para ser surpreendida pela próxima.

A tão esperada e atrasada primavera trouxe "um punhado de dias felizes". Era quase impossível para Maud sentir-se infeliz em junho. Durante todo o inverno ela programou o que iria fazer no jardim; enquanto o tempo permitiu, enfiou as mãos na terra. Uma caminhada na Alameda dos Apaixonados era capaz de deixá-la sem fôlego, de tanta felicidade. Sentia a presença reconfortante do céu e do mar: "Eu sempre contemplei o esplêndio desfile do mar – esplêndido com a beleza sempre mutante da manhã, do meio-dia e da meia-noite, de tormenta e calmaria, de vento e chuva, de estrelas, luar e pôr do sol".

A fuga para certas histórias era garantia de ânimo para Maud. Um desses volumes era o exótico *Alhambra*, de Washington Irving, que Maud tinha lido avidamente quando menina. No final de um triste dia, ela escreveu: "Washington Irving, receba meu agradecimento. Morto em sua sepultura, seu encanto ainda tem o poder de lançar a luz do sol sobre a escuridão do dia. Obrigada por *Alhambra*".

Muitas vezes os livros eram a única companhia de Maud. Sua avó tinha um ciúme ferrenho das amizades de Maud. À medida que envelhecia, Lucy ficava cada vez mais inquieta e retraída. Nunca fazia com que alguém se sentisse bem-vindo em sua casa e restringia o acesso a ela tanto quanto podia. Embora Maud estivesse ganhando o suficiente para fazer os reparos necessários na casa, a avó Macneill não permitia que qualquer mudança fosse feita. Não deixava nem mesmo que Maud assasse um bolo quando recebiam alguma visita. Cada vez mais as duas mulheres passavam mais tempo sozinhas.

Maud, no entanto, amava a casa e era muito protetora de tudo. Distraía-se com seus "pequenos *hobbies*" – jardinagem e fotografia, álbuns de recortes e trabalhos manuais. Conseguia envolver-se na vida de Cavendish de várias maneiras, grandes e pequenas: tornou-se a organista da igreja e diretora do coral, lecionava na escola dominical, comprometeu-se com a Sociedade Literária e a Biblioteca. Naqueles anos de isolamento do mundo exterior, Maud passou a conhecer seus vizinhos mais profunda e intimamente, como mostram com frequência suas histórias.

A vida, ela observou tempos depois, era tão vívida nas cidades pequenas quanto nas grandes. Sabia que seus melhores assuntos e temas não estavam em lugares distantes, mas bem ali, em casa. Nesses longos e solitários anos em Cavendish, ela cavou profundamente entre as raízes de seu solo – e tudo o que precisava fazer era deixar cair uma semente.

A criação de Anne

Em 1904, Maud encontrou uma antiga anotação em seu diário: "Casal de idade solicita a orfanato a adoção de um menino. Por engano, mandaram para eles uma menina".

Ao longo dos dezoito meses seguintes, Maud começou a moldar, em torno desta breve introdução, seu romance mais famoso, *Anne de Green Gables*. Anne Shirley, a ruivinha órfã que desembarca na estação de trem de Avonlea, cativou a imaginação de Maud. Ela se apaixonou pela própria heroína, o que não é de surpreender. Maud realizou a grande alquimia da arte. Transformou a própria história de abandono em uma história de resgate. Maud colocou a si mesma na personagem fictícia de Anne: sua própria imaginação vívida, o amor apaixonado pela natureza, o costume de dar nomes a objetos inanimados, a amiga imaginária que morava na cristaleira, a ávida afeição por livros, a vaidade, o orgulho, a teimosia; e o apego profundo e duradouro aos entes queridos.

O cenário do livro, Avonlea, é o hino de Maud à vida na pequena cidade de Cavendish. Avonlea é um pastiche de todos os lugares que Maud conhecia melhor, desde a Alameda dos Apaixonados, aquele caminho florido que ela "idolatrava", até o Bosque Assombrado. O Lago das Águas Brilhantes era baseado na lagoa translúcida que Maud avistava do quarto de hóspedes em Park Corner. Caminho Branco da Alegria, Despedida da Violeta e Bolha das Dríades era pura invenção.

O germe da história de Anne, anotado no antigo diário de Maud, ecoa a história da prima adotada de Maud, Ellen Macneill. Ellen tinha chegado de trem com o irmão, em vez dos meninos esperados do orfanato. Outro homem adotou o irmão imediatamente. Os primos idosos de Maud, Pierce e Rachel Macneill, decidiram adotar a menina de 3 anos. Com 17 anos, Maud escreveu sobre isso em seu diário, depois deixou a ideia de lado por um longo tempo. Negou qualquer paralelo entre sua personagem Anne e Ellen Macneill, a quem, não muito gentilmente, descreveu como "uma das meninas mais irremediavelmente desinteressantes que se possa imaginar".

A casa de Anne, Green Gables, era vagamente baseada em uma casa que pertencia a dois primos de Maud, David e Margaret Macneill. Era uma casa notoriamente desorganizada, muito diferente da casa bem-cuidada de Marilla. O David Macneill da vida real era tímido e reservado, e esse casal mais velho também eram pais adotivos – David e Margaret tinham assumido a criação de uma sobrinha-neta ilegítima. Maud notou que as ilustrações de Matthew Cuthbert no livro eram estranhamente parecidas com David Macneill, embora ela não tivesse conscientemente pensado nele enquanto criava Matthew.

É possível encontrar indícios da natureza tímida e afetuosa do pai de Maud em Matthew, assim como a personalidade dura da avó Lucy Macneill é floreada na adorável Marilla. Maud, porém, argumentava que nenhum escritor simplesmente retrata pessoas da vida real em seus personagens. A ficção é a arte da transformação. Para muitos escritores, incluindo L. M. Montgomery, isso permite reconciliações felizes que na vida real eles não podem alcançar.

Marilla Cuthbert tem o senso de humor aguçado e a compreensão que faltavam em Lucy Macneill. Ao contrário do pai de Maud, Matthew Cuthbert é um exemplo de dedicação paternal, imensamente corajoso quando se trata de proteger sua menina. E a fictícia Anne se apaixona pelo homem certo no final, superando a teimosia e o falso orgulho de Maud. Anne Shirley conquista o casamento feliz que Maud tanto tentou alcançar. *Anne de Green Gables* é um livro que reluz de felicidade, apesar de alguns toques de tristeza profunda. E isso se deve à imprevisível heroína, Anne, que em um momento nos faz rir e em seguida nos faz chorar.

Margaret Atwood, uma famosa escritora canadense, observou que a principal história de amor em *Anne de Green Gables* não ocorre entre Anne e Gilbert Blythe, mas, sim, entre Anne e a idosa Marilla, tão carente de amor. Certamente a personalidade azeda de Marilla confere sabor à doçura de Anne. Sem Marilla, Anne poderia impressionar o leitor como sendo boa demais, apesar de suas desventuras.

Anne de Green Gables é um livro sobre criar uma família duradoura. É uma celebração de lugar, uma história sobre pertencer. Ninguém além de Maud Montgomery, com toda a sua atribulada história de vida e anseios do coração, poderia tê-lo criado.

Maud encontrou sua inspiração no momento em que estava mais preparada para usá-la. Em 1905, o tímido novo pastor, Ewan Macdonald, havia se mudado definitivamente de Stanley para Cavendish – mais perto da igreja e de Maud. Ele tinha recentemente escapado de quase ficar noivo de outra moça e, por isso, estava cauteloso com Maud. A amizade dos dois era alicerçada em interesses em comum. Maud era a organista da igreja e diretora do coral. Ela e o jovem pastor – apenas quatro anos mais velho – sempre tinham assunto para conversar. Nora escrevia provocando, falando do súbito interesse de Maud nos eventos da igreja e reuniões sociais: "Vocês sabem que ela assumiu as tarefas na igreja depois da chegada de jovens pastores".

Além dos poucos registros jocosos no diário de Maud e Nora Lefurgey, não sabemos qual foi a verdadeira primeira impressão de Maud sobre

Ewan Macdonald. Ewan admitiu que ficara "interessado nela desde o início". Foi sensato em agir com cautela. Maud era arisca quando um pretendente a cortejava, mas ansiava por amizade. Ewan tinha um temperamento dócil, tinha covinhas, um sorriso atraente e aquela irresistível cadência gaélica na voz. Era considerado um partido e tanto em Cavendish – todas as moças solteiras em um raio de quilômetros estavam de olho nele.

Ewan tinha nascido e sido criado na Ilha do Príncipe Edward. Pertencia a uma família de fazendeiros do outro lado da Ilha, menos próspera que a de Herman Leard e menos refinada que a de Maud.

Assim como Maud, Ewan havia frequentado o Prince of Wales College e a Dalhousie University. Dois de seus irmãos se tornaram fazendeiros, mas Ewan era o intelectual da família, e seu desejo de ser pastor era visto pela família como um passo promissor. Em 1903 ele começou a pregar regularmente em Cavendish como visitante, e em 1905 foi formalmente empossado como pastor em tempo integral. Outros aspectos da biografia de Ewan não são claros, mas tudo indica que ele tinha um histórico de depressão clínica quando adolescente, um fato que conseguiu manter em segredo e esconder de Maud.

Entre 1903 e 1905, Ewan hospedou-se na cidade vizinha de Stanley. Maud ia a Stanley com frequência, porque outra pessoa que ela adorava morava lá na época – sua prima mais nova de Park Corner, Frede Campbell.

A prima Frede era dez anos mais nova que Maud. Essa diferença de idade as manteve distantes na infância e na adolescência. Durante anos as duas tinham um relacionamento familiar amigável, o que era de se esperar de primas com diferença de idade de uma década. Mas, durante uma memorável visita a Park Corner, Maud e Frede conversaram por mais tempo e descobriram que pensavam igual em diversos assuntos – espíritos afins verdadeiros e completos. Era uma noite quente de verão, e as duas primas ficaram conversando até quase o amanhecer. Dessa noite em diante, elas se aproximaram muito. Maud adorava Frede. Chamava-a de "mais que uma irmã". Entre Ewan e Frede, Maud encontrara duas pessoas essenciais, que lhe serviram de referência e guias enquanto *Anne de Green Gables* tomava forma.

Para alguém que escrevia tantas anotações em diário sobre seus pensamentos e eventos da vida, Maud revelou muito pouco sobre o processo de escrever suas obras. Deve ter começado a mencionar algo sobre sua obra-prima em 1904 e provavelmente terminou no inverno de 1906. Deve ter escrito o romance num período entre nove e dezoito meses.

Em 1905, Maud disse a seu amigo menonita Ephraim Weber que escrevia três horas por dia – uma hora pela manhã para uma revista, uma hora à tarde datilografando e uma hora à noite trabalhando na composição do romance. O resto do tempo era consumido pelas tarefas domésticas. Era rápida para escrever, conforme explicou a Weber, "tendo já pensado na trama e nos diálogos enquanto fazia o serviço de casa". Maud publicou 44 contos em 1905 – para muitos autores, a obra de uma vida inteira – e escreveu a maior parte de *Anne de Green Gables* nesse mesmo ano. Quando redescobriu a anotação sobre o casal idoso, rapidamente fez um esboço de uma história de sete capítulos – o tamanho ideal para submeter à avaliação de uma revista de escola dominical. Deu à personagem principal o nome de Anne Shirley. Recortou de uma revista a figura de uma menina ruiva e usou essa imagem como modelo para sua personagem. E então pôs mãos à obra.

Ewan Macdonald interrompeu o capítulo inicial do livro naquele mês de junho, quando parou para pegar sua correspondência. Maud e Ewan conversaram até a claridade do dia se esvanecer e a cozinha mergulhar na penumbra. Nesse dia Maud deve ter tido certeza do interesse do visitante.

A maior parte de *Anne de Green Gables* foi escrita não na movimentada cozinha/correio, mas, sim, no quarto de Maud, no andar de cima. Não demorou para a personagem central Anne Shirley criar vida própria. Até o importantíssimo "e" no final do nome ocorreu imediatamente a Maud. Anne "tomou conta de mim de uma maneira inusitada". E foi então que lhe veio à mente o pensamento audacioso. "Escreva um livro. Você já tem a ideia central. Tudo que precisa é aumentar um pouco o número de capítulos".

Anne de Green Gables não foi a primeira tentativa de Maud de escrever um romance. Ela havia escrito anteriormente uma história chamada *A Golden Carol* ("Uma Carol Dourada"), uma história previsível sobre uma menina idealizada chamada Carol Golden. Era o tipo de ficção de que Maud não gostava, e ela acabou queimando o manuscrito.

Anne de Green Gables é sobre uma menina perfeitamente *imperfeita* – teimosa, simples, impulsiva, orgulhosa – que está sempre se metendo em apuros. Tem gênio difícil, é rancorosa, hipersensível com relação aos cabelos vermelhos e, na mesma medida, vaidosa do nariz bonito; alterna entre euforia e desânimo, coragem e medo, ora é brilhante, ora tola. Anne Shirley parecia vibrantemente real para Maud, que sabia que seu livro inteiro girava em torno da jovem heroína. Como ela escreveu depois, "os livros não são sobre crianças certinhas e comportadas. Se fossem, seriam tão enfadonhos que ninguém os leria".

Maud confidenciou a seu amigo de correspondência George MacMillan que, de todas as suas obras, aquela era a que mais verdadeiramente refletia sua voz e estilo. A prosa de *Anne*, insistia, é o "meu verdadeiro estilo", e o fato de expressar sua opinião era, segundo ela, "o segredo do sucesso". Outras histórias podem ter sido habilmente construídas, mas pareciam ser "mais criadas do que nascidas", para citar outra autora de obras infantis, P.L. Travers. Durante a primavera e o verão de 1905, Maud completou os seis primeiros capítulos do romance – a parte que leva ao momento em que Marilla e Matthew decidem adotar Anne.

Não sabemos os detalhes da composição diária, mas os diários de Maud nos dão um vislumbre de seu estado de espírito. Naquele mês de junho, o mundo floresceu para ela. Maud reagia ao calor humano com a mesma intensidade que reagia à luz do sol. Tinha duas pessoas muito amigas por perto, Frede e Ewan. Escrevia com rapidez e destreza em seu quarto branco com vista para os campos e jardins.

Apenas dois anos antes, Maud havia confidenciado ao amigo George MacMillan seu medo secreto: "Nunca poderei ser uma grande escritora". Acreditava genuinamente que seu romance interessasse somente a uma faixa etária de jovens leitoras; avisou o outro amigo correspondente, Ephraim Weber, para não esperar nada muito grandioso quando lesse o livro. Mas também comentou com MacMillan: "Acho que deveríamos escrever somente o que está dentro de nós – o que nosso 'demônio' particular nos sopra – e o resto está nos joelhos dos deuses. Se escrevermos com o coração e com nossa experiência, a verdade virá à tona e se mostrará".

Naquele mês de junho, enquanto trabalhava em *Anne de Green Gables*, Maud sentou-se junto à janela de seu quarto, contemplando "um vasto campo verdejante, a alameda onde sei que violetas roxas estão crescendo em abundância e um pomar gracioso e caprichosamente cuidado, como para uma festa nupcial". E acrescentou: "É tão bom viver em um mundo onde existe o mês de junho".

A criação de Anne marcou o junho da vida de Maud: o florescer de seu dom de escritora e a realização da esperança. Apoiava-se na proximidade e caloroso afeto de Frede e Ewan, embora nenhum dos dois soubesse que ela estava trabalhando em seu primeiro livro. Conforme observaram alguns leitores astutos, *Anne de Green Gables* nos faz percorrer cinco anos inteiros da vida de Anne na juventude, porém mais de metade dos eventos do romance ocorrem no mês de junho. O próprio livro foi publicado em um mês de junho.

Maud não era a única que florescia nesse período. Ewan Macdonald, animado com sua amizade com Maud, estava se tornando um pastor popular. Juntos eles começaram alguns projetos de embelezamento local, incluindo o cemitério onde a mãe de Maud estava sepultada. O jovem pastor recebia convites para fazer sermões na cidade vizinha de Charlottetown e em outras mais distantes. Outros clérigos haviam iniciado o sacerdócio na Ilha do Príncipe Edward e depois ido para igrejas maiores e de maior prestígio. Ewan achava que sua carreira poderia ser beneficiada com um pouco mais de estudo e fez planos de estudar no exterior.

No final do dia 12 de outubro de 1906, Ewan levou Maud para o interior para visitar amigos. No caminho, contou a ela sobre seu plano de sair de Cavendish para estudar no Trinity College, na Escócia.

Maud tinha começado a pensar mais seriamente no tímido pastor. Comemorava os sucessos dele, tinha orgulho da amizade entre ambos e da afeição que ele obviamente nutria por ela. Imaginara que em algum momento ele lhe propusesse casamento, mas procurava permanecer isenta de compromisso. Não estava perdidamente apaixonada, como havia sido por Herman Leard. Ewan não lhe despertava sensações intensas, mas ela passara a ter certo medo de paixões desenfreadas. Quando o assunto eram homens, Maud não conseguia se fiar na própria intuição para guiá-la, tinha pouca experiência e, como sempre, ninguém com quem se aconselhar. É provável que a avó Macneill e Frede conhecessem Ewan e gostassem dele. E é quase certo que Maud tenha confidenciado com Frede pelo menos parte de seus sentimentos. Mas não tinha um parente do sexo masculino próximo o suficiente em quem pudesse confiar e com quem contar. Essa metade da raça humana permanecia sendo um mistério.

A revelação de Ewan sobre seus planos durante a viagem de charrete fez com que a partida iminente dele de repente se tornasse real. Ele iria embora, para outro país, outro continente. Maud gostava da leveza e descontração da companhia dele. Ficava intrigada com aquele sorriso que fazia covinhas e sentia uma ponta de atração. Mas também sabia que não poderia casar-se enquanto Lucy Macneill fosse viva – abandonar a avó àquela altura era inconcebível.

E havia outra mosca no mel: Maud não tinha inclinação alguma para ser esposa de pastor, nem um grama a mais do que desejara se casar com o infeliz John Mustard ou com o detestável Edwin Simpson. A mulher de um pastor era cerceada de todos os lados, não podia nem jogar uíste!, ela dizia, desolada. Maud adorava dançar e se divertir, passear, vestir-se com roupas da moda, ir a festas e viver aventuras. Tudo isto seria visto com olhares de soslaio se ela fosse casada com um pastor.

Nos momentos de agonia das "três horas da madrugada", ela pensava que era melhor casar-se com qualquer um, assim que possível. À luz do dia refletia que era "mais sensato preservar a liberdade e confiar na vida". Em suma, concluiu, "meu sentimento por Ewan Macdonald não é suficiente para justificar casar-me com ele".

Enquanto Maud e Ewan prosseguiam em silêncio naquela noite escura e chuvosa de outubro, Ewan de repente falou:

– Tem uma coisa que me deixaria extremamente feliz, mas talvez seja sonhar alto demais... Eu gostaria de compartilhar minha vida com você... quero que seja minha esposa.

Maud chegou a uma conclusão surpreendente. Não podia perdê-lo. Ewan tinha se tornado uma parte essencial de sua existência. De algum forma, sentia: "Não posso deixá-lo sair da minha vida. Ele já faz parte dela".

Maud concordou que, se Ewan esperasse, ela se casaria com ele. O noivado seria mantido em segredo e poderia ser longo. Não podia abandonar a avó, cada vez mais idosa. De fato, o noivado durou cinco anos. Maud usava um pequeno brilhante solitário no dedo somente à noite, na privacidade de seu quarto. Sentia-se, em suas próprias palavras, "satisfeita". O noivado com Ewan podia não trazer fortes emoções – certamente nada como o êxtase que sentira nos braços de Herman Leard –, mas parecia o começo de uma felicidade nova e segura.

Enquanto isso, o que era feito de *Anne de Green Gables*? Depois de concluir o romance, Maud encarou a difícil perspectiva de ter de datilografar tudo a fim de enviar para uma editora. Usava uma máquina de escrever antiga, na qual as letras maiúsculas apareciam só pela metade e o *w* não funcionava de jeito nenhum. Ela depois teve de voltar e escrever à mão todos os *w*.

Primeiro a esperançosa jovem autora enviou seu livro para uma editora americana nova. O manuscrito rejeitado foi enviado imediatamente de volta. A seguir Maud mandou *Anne de Green Gables* para uma editora canadense mais antiga e consagrada. Devolveram também. Maud era grata por ser a sua família a responsável pelo correio. Pelo menos, ninguém mais na cidade precisava ficar sabendo dessas constrangedoras rejeições. Tentou três outras editoras, e todas as três enviaram o manuscrito de volta. Das cinco rejeições, quatro foram em forma de carta. A quinta continha um bilhete conciso: "Nossos leitores relatam ver mérito em sua história, mas não o suficiente para garantir aceitação".

Desencorajada, Maud guardou o manuscrito de *Anne* em uma velha caixa de chapéu. Algum dia, decidiu, poderia pegá-lo e refinar o texto, reduzindo-o para os sete capítulos originais adequados a uma revista de escola dominical. Quem sabe conseguisse uns trinta ou quarenta dólares pela história.

Maud estava limpando seu quarto no ano seguinte quando se deparou com o manuscrito de *Anne*. Releu o romance e gostou o suficiente para dizer a si mesma "Vou tentar mais uma vez". Enviou-o para a editora L. C. Page, em Boston, Massachusetts, e, enquanto esperava uma resposta, parou de pensar no assunto.

Maud tinha pensamentos mais urgentes e preocupantes naquele inverno. Ewan Macdonald estava batalhando sozinho na distante Glasgow. Seu tumulto interior começou assim que ele chegou à Escócia. Toda a energia que Maud havia inspirado ao noivo o abandonou quando ele se viu sem ela por perto. Achava os colegas hostis e sentia-se inferior e indigno.

Ewan mergulhou rapidamente na melancolia religiosa que o assombraria periodicamente pelo resto da vida. Sentia que seus fracassos acadêmicos eram uma prova da condenação de Deus. Começou a faltar às aulas. Maud o incentivou a procurar ajuda, mas ele estava convencido de que nada no mundo poderia ajudá-lo, e, considerando os tratamentos de saúde mental disponíveis na época, ele talvez tivesse razão. Não há registros que indiquem que Ewan tenha alguma vez passado de ano em Trinity College.

Ewan não tinha confidenciado esse perturbador aspecto de si mesmo para Maud durante o namoro, e ela posteriormente escreveu que, se soubesse desse transtorno mental, nunca teria concordado em se casar. Alegava que aquela insanidade incurável era uma justificativa para o divórcio, embora tenha ficado ao lado de Ewan, ansiosa e protetora, até o fim.

Em março, Maud recebeu um cartão-postal estranho e perturbador da Escócia. Estava completamente em branco, sem uma única palavra ou imagem. Algumas semanas depois, o próprio Ewan chegou de volta à Ilha do Príncipe Edward. Ficou longe de Maud e evitou Cavendish o máximo possível enquanto tentava, sem êxito a princípio, encontrar uma nova paróquia e retomar a vida normal.

Mas agora Maud tinha outro assunto em mente – o mais feliz de sua vida. Menos de um mês depois que Ewan voltara, uma carta de aceitação chegou da L. C. Page & Company. Estava datada de 8 de abril de 1907 e assinada pelo dono e editor, o próprio Louis Page. Dizia que ficaria encantado em publicar *Anne de Green Gables*. Na verdade, como Maud ficaria sabendo muito tempo depois, não foi Page quem defendeu o romance, e sim um jovem estagiário de Summerside, Ilha do Príncipe Edward, que convencera os editores a dar uma chance a uma autora nova. Maud ficou fora de si de tanta alegria.

A L. C. Page & Company ofereceu uma escolha à autora. Maud poderia aceitar um pagamento imediato de quinhentos dólares – equivalente à sua renda anual total – ou receber uma porcentagem das vendas, sem pagamento adiantado.

Maud decidiu optar pelos *royalties* em vez do adiantamento. Os termos da L. C. Page eram parcos, mesmo para a época – oferecendo somente dez por cento de *royalties* para o preço de venda de atacado do livro. Maud receberia nove *cents* por exemplar vendido. O contrato também exigia que ela publicasse *todos* os seus livros na L. C. Page durante os cinco anos seguintes, com esta mesma proporção baixa de *royalties*. Ela teria de se comprometer a escrever sequências. Maud hesitou somente diante da condição final: Page queria que a nova autora publicasse seus livros com o nome de Lucy Maud Montgomery, um nome do qual ela nunca gostara e que nunca usara. Por mais ansiosa e animada que estivesse para publicar, ela se manteve firme. Seus livros seriam publicados sob o pseudônimo que sempre havia usado: L. M. Montgomery.

Maud esperava que *Anne* fosse lançado naquele outono, conforme exultantemente anunciou a seus amigos correspondentes, MacMillan e Weber. Mas um atraso após outro continuava adiando a data de publicação. A primeira impressão continha duas frases empasteladas e teve de ser descartada. Houve problemas com as ilustrações, e o desenhista adiava sempre o trabalho. Quando *Anne de Green Gables* finalmente apareceu, em junho de 1908, Maud disse que era uma "época" em sua vida, para usar uma expressão de Anne.

O precioso instante em que Maud colocou as mãos em seu primeiro livro publicado foi um momento "orgulhoso, maravilhoso, emocionante". O livro tinha uma capa bonita e era elegantemente encadernado e impresso. A autora dedicou aquele seu primeiro livro à "memória de meu Pai e minha Mãe". A avó Macneill nunca recebeu uma dedicatória, nem nesse livro nem em nenhum outro. Maud, porém, disse a ela como seus pais teriam ficado contentes, como os olhos de seu pai teriam brilhado de orgulho. Olhava para o volume com o encantamento de uma mãe recente, tentando não se vangloriar – "Não é um grande livro, mas é meu, meu, meu", cantarolava.

O sucesso do romance foi imediato e deslumbrante. *Anne de Green Gables* vendeu muito mais do que Maud poderia ter sonhado. Seus dias ganhavam vida com as críticas calorosas que abundavam – quase setenta ao todo. O romance de Maud era universalmente elogiado. Uma segunda edição foi publicada menos de um mês depois, e L. C. Page começou a pressionar sua nova autora para escrever uma continuação.

No final do ano, seis edições de *Anne de Green Gables* tinham sido publicadas, e Maud recebeu seu primeiro cheque de *royalties* no valor de 1.730 dólares, o que significava que quase vinte mil cópias haviam sido vendidas. "Nada mau", ela exultou, "para os seis primeiros meses de um livro novo de uma autora desconhecida!".

A aposta de Maud em si mesma provou ser sábia. E, embora descrevesse o romance para Ephraim Weber como "uma história juvenil, ostensivamente para meninas", ficou comovida e encantada ao descobrir o alcance abrangente do livro. O livro fez sucesso entre adultos, homens choravam ao ler. Ela recebeu não só críticas entusiasmadas, como também cartas do mundo todo – algumas tratando-a como *Senhor*, algumas endereçadas diretamente à *Senhorita Anne Shirley, Green Gables, Avonlea*. Fãs ardentes e esperançosos se ofereciam para contar a ela suas histórias de vida, para que fossem convertidas em obra de ficção, claro, e uma das cartas começava com "Meu querido tio há muito tempo perdido", o remetente acreditando que o autor do livro fosse um tio desaparecido.

Uma carta que Maud valorizou especialmente veio de Mark Twain – então com 73 anos de idade –, um de seus autores prediletos na infância, elogiando Anne como "a criança mais querida e adorável na ficção desde a imortal Alice". Maud respondia pessoalmente a cada carta, mesmo quando 85 cartas chegaram da Austrália em um único dia.

A L. C. Page & Company publicou somente um livro que vendeu mais que *Anne de Green Gables*, o best-seller *Poliana*, de 1913, que vendeu mais de um milhão de cópias no primeiro ano. Em ambos os casos, a L. C. Page & Company pressionou as autoras a escrever o maior número de sequências possível e o quanto antes. Em agosto de 1907, já estavam exigindo uma continuação para *Anne de Green Gables*. Em outubro, Maud começou a escrever as primeiras páginas de *Anne de Avonlea*, ainda profundamente afeiçoada à sua personagem central. Quando o inverno chegou, no entanto, o humor de Maud piorou, e seu entusiasmo arrefeceu.

Ela confidenciou a MacMillan: "Não acho que o livro seja tão bom, comparativamente falando, quanto o primeiro. Mas talvez eu não esteja em posição de julgar... Estou tão envolvida com 'Anne' que estou saturada de ouvir o nome dela". Maud foi bombardeada por pedidos de fãs que se aglomeraram na Ilha do Príncipe Edward com a esperança de conhecê-la, e "Eu não quero ser 'conhecida'", resmungava.

Com o tempo frio veio a habitual depressão e fadiga de inverno, "combinada com um intenso medo do futuro... de qualquer futuro, mesmo que feliz". Embora fosse agora famosa no mundo dos livros infantojuvenis, era uma prisioneira em sua própria casa. Não podia deixar a avó anciã sozinha nem por um dia, tampouco conseguia convencê-la a transformar um dos cômodos não usados da casa em uma aconchegante biblioteca ou escritório de inverno. Em vez disso, com a chegada do frio, Maud era obrigada a trabalhar na cozinha, onde era constantemente interrompida pelo movimento do correio.

Naquele ano, seus nervos ficaram à flor da pele quando o teto da cozinha pegou fogo. Foi em um dia em que estava ventando muito, e o fogo da lareira se espalhou rapidamente. Maud arrastou uma escada de madeira do celeiro do tio, encheu um balde com água e conseguiu apagar as chamas. Por um triz não ocorreu uma tragédia. Maud manteve o controle até o perigo passar, mas depois desabou. Pelo resto da vida sonhou com incêndios e pensava se esses sonhos seriam proféticos. Passou a viver com medo de que a casa queimasse inteira.

Os pensamentos ansiosos de Maud se voltavam com frequência para seu casamento que se aproximava. Depois do esgotamento nervoso na Escócia, Ewan demorou um longo tempo para reencontrar o equilíbrio. No começo, até a procura por uma nova paróquia não teve êxito. Por fim encontrou uma pequena igreja em Bloomfield, longe de Cavendish. Ewan e Maud raramente se viam. Ela se preocupava, imaginando se com seu sistema nervoso frágil "poderia ser uma esposa adequada, para ele ou qualquer outro". Deve ter tido dúvidas também até que ponto Ewan seria um marido adequado.

Maud concluiu a primeira sequência, *Anne de Avonlea*, em agosto de 1908, declarando que "não é tão bom quanto *Green Gables*". L. C. Page segurou a publicação do segundo livro por algum tempo, alegando que *Anne de Green Gables* ainda estava vendendo tão bem que não queria competir com seu próprio sucesso.

Um dos primeiros críticos observou que *Anne de Green Gables* "irradia felicidade e otimismo". Apesar de todos os percalços, desventuras e sofrimento, *Anne de Green Gables* é realmente uma literatura do tipo antidepressivo, um romance que serve de amuleto contra as trevas. O riso e a beleza contidos no livro em momento nenhum são forçados, pois provêm de uma fonte profunda. Qualquer que fosse a dívida que Maud sentia ter para com livros como o eternamente mágico *Alhambra,* de Washington Irving, ela a retribuiu amplamente com seus escritos. O brilho radiante de seu trabalho e a efervescência comovente foram arduamente conquistados. "Graças a Deus posso manter as sombras da minha vida fora do meu trabalho", escreveu. "Eu não gostaria de obscurecer nenhuma outra vida; ao contrário, quero ser mensageira de otimismo e felicidade".

"Sim, eu compreendo que a jovem dama é escritora"

À medida que a fama de Maud crescia, a sorte de Ewan pouco a pouco também aumentava. Havia se tornado um pastor popular em sua pequena paróquia e mais uma vez começara a voltar a atenção para as ambições do mundo lá fora. Um de seus amigos mais próximos, Edwin Smith, um pastor muito carismático, tinha ido embora da Ilha do Príncipe Edward para buscar mais oportunidades no continente. Em setembro de 1909, Ewan seguiu o exemplo do amigo e partiu da Ilha do Príncipe Edward para uma carga dupla em uma paróquia em Ontário. Lá ele esperaria até que Maud estivesse livre para se casar e ir morar com ele.

Maud observava o sucesso de Ewan com um misto de orgulho e horror. O exílio de sua amada Ilha seria inevitável. Ontário era o lar de Toronto, o

CASA DOS SONHOS: A VIDA DE LUCY MAUD MONTGOMERY

centro literário do Canadá, mas estava muito longe de Cavendish, não só geograficamente, como cultural e emocionalmente também.

A ideia da inevitável partida de Cavendish, da Ilha do Príncipe Edward e de tudo o que mais amava pesou muito em sua mente nos anos entre a publicação de *Anne de Green Gables* e o seu casamento com Ewan. Embora se mantivesse ocupada escrevendo novos livros e relendo velhos favoritos, sentia-se frequentemente deprimida e preocupada, e, com exceção das bem-vindas visitas de Frede, havia pouca coisa para distraí-la. Maud enfrentou dias sofridos, quando se sentia "deprimida, cansada, sem forças, presa de uma inquietação indescritível e indomável". Em 1908, quase teve um colapso total quando uma nuvem escura de depressão pareceu descer sobre ela e envolvê-la, e ela não conseguia comer, nem dormir, nem trabalhar. O único conselho de Ewan foi que ela parasse de escrever por um mês. Para Maud, era o mesmo que pedir que parasse de respirar.

Com toda a probabilidade, Maud estava sofrendo uma crise bipolar. Sempre fora suscetível a extremos altos e baixos, agora ficava andando de um lado para outro, nervosa, agoniada. Sabia que havia algo gravemente errado, mas recusava-se a consultar qualquer médico local por medo de dar chance a comentários. Deixar a cidade – e a avó Lucy – era impossível, mesmo que fosse para uma consulta médica. Nenhum dos cinco filhos vivos de Lucy assumiam responsabilidade pela mãe idosa. A tia Emily, que morava a menos de cinquenta quilômetros de distância, tinha vindo visitar a mãe uma única vez em três anos.

Alguns anos antes, o tio John e seu filho Prescott haviam rompido o silêncio glacial e ido até lá para mais uma vez exigir que a senhora de 81 anos de idade saísse da casa para que Prescott pudesse casar-se e ir morar lá com a esposa. Lucy teria de ir morar com um dos filhos adultos, e Maud ficaria por sua própria conta. A sugestão foi recebida com consternação por avó e neta.

A visita se transformou em uma briga horrível, com John e Prescott insistindo em causa própria, Maud furiosa mandando-os sair e a avó chorando.

Prescott acabou nunca se casando. Foi vítima da tuberculose, a mesma doença que tirara a vida da mãe de Maud. A morte de Prescott endureceu ainda mais o coração de tio John contra Maud e a mãe. Colocava obstáculo no caminho das duas a todo momento. Maud tinha de limpar a neve da frente da casa com uma pá; colocou baldes na casa para aparar a água de mais de vinte goteiras no teto; placas de gesso caíam no chão em volta delas.

Apesar de tudo isto, Maud adorava sua velha casa. Fazia longas caminhadas nos campos e alamedas ao redor. A Alameda dos Apaixonados a encantava e lhe dava forças. Era seu refúgio, uma fuga das provações da vida. Caminhava até a praia, no pôr do sol; visitava o cemitério onde sua mãe estava e onde, um dia, pretendia ser enterrada ao lado dela. Durante os passeios noturnos, contemplava a velha casa suavizada pelo luar e compreendia "como era enraizado e forte" o seu amor por aquele lugar. Era "terrível", pensava, "amar as coisas... e as pessoas... como eu amo!".

"A presunçosa e opulenta Ontário", como ela dizia, estava à sua frente em um futuro próximo. Mas os pensamentos e sonhos de Maud a levavam de volta ao passado. Começou a escrever um novo livro infantil que incorporava várias histórias que sua tia-avó Mary Lawson contava de forma tão brilhante. Esta nova obra foi intitulada *A Menina das Histórias* e viria a ser o favorito de Maud entre todos os que escreveu – embora ela tenha sabiamente previsto que não alcançaria o mesmo sucesso de *Anne de Green Gables*.

A Menina das Histórias reúne antigas lendas de família e histórias de fantasmas com as aventuras de infância de um grupo fictício de crianças da Ilha do Príncipe Edward. As aventuras estão ligadas por meio de contos narrados por Sara Stanley, a "Menina das Histórias" do título. ("'Vou aprender a contar histórias para o mundo inteiro', dizia a Menina das Histórias sonhadora.")

A construção do livro permitia a Maud brincar livremente com a história de sua própria família e com a narração de histórias como arte: "coisas verdadeiras que são e coisas verdadeiras que não são, mas que poderiam ser". O cenário do livro é a Ilha do Príncipe Edward, em toda a sua glória,

Casa dos sonhos: a vida de Lucy Maud Montgomery

e momentos de humor aparecem constantemente em meio à atmosfera sonhadora. *A Menina das Histórias* foi dedicado à melhor amiga de Maud, a prima Frede, "com a lembrança dos velhos tempos, velhos sonhos e velhos risos" – um livro predileto para uma amiga predileta.

Não seria possível, para qualquer pessoa que lesse esse livro maravilhoso, saber quanto a autora sofreu durante sua composição. Maud viveu perigosas alterações de humor ao longo de todo aquele inverno e primavera, semelhantes em intensidade ao que sofrera durante seu infeliz noivado com Edwin. Em fevereiro de 1910, arrastou-se pelo mês inteiro com uma "prostração extrema – um total esgotamento de corpo, alma e espírito". Aconteceu de repente – Maud se sentia exausta demais para comer ou dormir, e por consequência não conseguia tabalhar, nem ler, nem pensar direito. Ficava andando pela casa, incapaz de tolerar companhia, mas pior ainda se ficasse sozinha. Sentia um "medo mórbido do futuro", embora mesmo em seus diários pessoais ela nunca tenha mencionado Ewan ou Ontário como parte desse futuro. Só queria morrer, descansar. Ansiava pela companhia da única pessoa que infalivelmente a consolava, a melhor amiga e espírito afim, a prima Frede. Mas Frede estava estudando fora, na faculdade paga pela própria Maud.

Maud começou um novo romance, *Kilmeny do pomar*, baseado em uma história que ela já havia tentado anteriormente. Foi seu primeiro livro que lhe causou um sentimento de apreensão. L. C. Page a estava pressionando para entregar mais um romance, e ela não estava pronta para se envolver em outro livro sobre a personagem Anne. Em vez disso, dobrou o tamanho de *Kilmeny do pomar* – na época chamado *Una do jardim* –, reescrevendo-o inteiro em cerca de um ou dois meses.

Por mais que tivesse se empenhado, Maud ficou descontente com o resultado. Tinha certeza de que o "enchimento" que os editores haviam exigido empobreciam o livro. Arrependeu-se de ter concordado com a publicação – embora posteriormente defendesse *Kilmeny* de ataques da crítica. Pela primeira vez uma obra de Maud recebeu críticas negativas. Um dos críticos descreveu o livro como "um terrível espécime do romance americano de sentimento". Outro disse que a personagem principal era suficiente para causar "uma dor de cabeça enjoada".

O primeiro volume do diário de Maud termina com uma nota sinistra naquele inverno de 1910, embora pelo menos ela tenha conseguido voltar a trabalhar. Havia começado a escrever o diário quando era uma menina esperançosa de 15 anos de idade. Chegar às últimas páginas deu a ela a oportunidade de ler retrospectivamente.

"Em muitos aspectos, foram treze anos difíceis", observou. Muita coisa tinha mudado naqueles anos – algumas para melhor, apressou-se a lembrar a si mesma. Havia conquistado seu precioso reconhecimento literário, seu sonho de criança. Talvez, refletiu, não tivesse batalhado tanto ou escalado tão alto "sem o estímulo da dor".

Entretanto, ainda ansiava, em sua última anotação no diário, em fevereiro de 1910, por "um pouco de felicidade, só para variar".

O ano de 1910 de fato trouxe algumas aventuras felizes para Maud. Seu trabalho a estava colocando em evidência para o mundo – e às vezes trazia o mundo para ela de maneiras inesperadas. Earl Grey, o governador-geral do Canadá que estava de visita, procurou-a. Foi uma das primeiras celebridades a visitar a Ilha do Príncipe Edward por causa de Maud – e não foi a última. O ilustre visitante sentou-se com Maud nos degraus do lado de fora da pequena casa branca e, conforme travavam conhecimento, conversaram sobre a beleza que rodeava o lugar.

O que o governador-geral não percebeu – e que Maud sabia muito bem – é que estavam sentados nos degraus do banheiro feminino externo. Cada vez que uma mulher se aproximava, avistava os dois ali e se afastava apressada. Maud teve de se segurar para não rir alto, imaginando se havia alguma pobre alma desamparada presa lá dentro, esperando que eles saíssem dali.

Naquele outono, Maud fez sua primeira viagem aos Estados Unidos, para visitar a L. C. Page & Company em Boston. Ficou hospedada na suntuosa residência do editor Louis Page e sua esposa. Homem de negócios, Page havia cronometrado tudo direitinho. Ofereceu a Maud um novo contrato para *A Menina das Histórias*, sob os mesmos termos pouco generosos dos anteriores.

A princípio Maud resistiu, mas, na posição de hóspede do dono da editora, viu-se coagida a concordar em renovar o contrato nos mesmos termos antigos. Louis, segundo ela escreveu, era uma figura "fascinante". Oferecia refeições regadas a vinho, levou Maud para fazer compras nas lojas elegantes de Boston. Pela primeira vez, Maud andou em um automóvel; testemunhou o primeiro eclipse lunar de sua vida, compareceu a festas luxuosas, foi entrevistada e fotografada, e sua presença foi comemorada. Tudo isto era inebriante para uma garota de uma distante província canadense.

A visita de Maud coincidiu com o vigésimo quinto aniversário da New England Women's Press Club. Mais de trezentos membros compareceram, com várias das principais personalidades literárias da América presentes. Maud ficou em uma fila de cumprimentos por mais de duas horas. Era cansativo agradecer repetidamente às mulheres por seus elogios. Estava descobrindo que a fama podia ser bem trabalhosa também. Mas Maud era boa neste aspecto e tinha espírito esportivo. Era gentil e amável com cada admiradora. A diretora do evento disse a Maud, em tom de agradecimento:

– Você foi o grande sucesso desta noite.

Uma entrevista foi publicada na revista *Republic* em novembro de 1910, falando da impressão que Maud havia causado em seu novo público americano. Embora estivesse com 36 anos, parecia mais jovem e também mais delicada do que realmente era.

> *A senhorita Montgomery é pequena e esguia, com um corpo gracioso e proporcional. Tem rosto oval, feições aquilinas delicadas, olhos cinza-azulados e fartos cabelos castanho-escuros. O lindo vestido de gala cor-de-rosa... acentuava sua aparência frágil e juvenil.*

A jornalista da *Republic* comparou Maud à jovem do interior Charlotte Brontë, autora de *Jane Eyre*, quando saíra de Yorkshire para visitar

Londres pela primeira vez. Maud, segundo a entrevistadora concluiu, devia ter ficado igualmente atônita com a cidade grande. Mas a autora canadense não se deixou intimidar. Surpresa, a repórter começou a ver "uma personalidade determinada, com convicções positivas sobre as vantagens da vida reclusa no campo". Maud não queria a representar o papel de moça ingênua do interior; recusou-se firmemente a escrever a história de amor de Anne e, quando pressionada, disse que conhecia muito pouco sobre a vida universitária para escrever a respeito também.

Louis Page era uma figura fascinante, mas, durante essa visita a Boston, Maud começou a desconfiar seriamente dele. A jovem autora havia tido suas dúvidas com relação à L. C. Page & Company por algum tempo. "É uma sensação instintiva", escreveu, "que não ameniza". Maud ouvira histórias sobre o comportamento mulherengo do editor, sua extravagância e falta de compaixão. Seu jeito de lidar com as autoras femininas revelava uma perturbadora combinação de flerte e *bullying*.

Maud se arrependeu de ter se deixado pressionar a assinar o contrato de *A Menina das Histórias* com aquela cláusula injusta por longo prazo, sem alteração. Começou a perceber que, tanto nos negócios quanto na vida pessoal, Louis Page não era um homem confiável. Em suma, a visita a Boston foi mais um alerta do que uma oportunidade de espairecer.

Como sempre, essa fase boa foi passageira para Maud. Na requintada elite de Boston, ela pôde conhecer um pouco da vida chique e elegante. Mas, de volta a Cavendish, a realidade se abateu imediatamente sobre ela. Quando desembarcou na estação de trem, seu primo George Campbell a esperava com seu velho cavalo e a charrete. "A neve caiu em seu rosto durante todo o trajeto para casa."

De qualquer forma, era raro Maud fazer uma visita prolongada. Não se ausentava de casa por um dia inteiro, mesmo que a distância fosse curta ou por um motivo importante. A avó Lucy Macneill, agora com seus oitenta e tantos anos, não gostava de perder a neta de vista. Era inútil argumentar. "Era o mesmo que falar com uma coluna de granito." Quando um poema de Maud foi musicado e apresentado na casa de ópera na vizinha Charlottetown, Maud perdeu a apresentação... e sua própria chamada ao palco. Como escreveu ao amigo Ephraim Weber, "A autora não pôde ir. Teve de ficar em casa, desejando ter podido ir".

Em fevereiro de 1911, Maud foi forçada a viajar até a cidade para tratar um dente. Quando estava saindo, a avó foi até a porta se despedir. "Fiquei impressionada com a aparência debilitada e envelhecida de vovó. Ela tinha se vestido apressadamente, e portanto estava um pouco desarrumada... mas além disso havia uma expressão em seu semblante que deixou meu coração apertado." Durante toda a sua vida, Maud havia tido estranhos sonhos premonitórios e intuições misteriosas. Temia que aquele momento fosse mais uma dessas experiências.

O pressentimento foi tão forte que Maud quase dispensou o condutor da charrete. Mas acabou indo para Charlottetown, assombrada pela expressão que havia visto no rosto da avó. Depois da consulta, o Clube de Mulheres de Charlottetown ofereceu uma recepção em sua homenagem, mas ela estava preocupada e distraída e, quando o evento terminou, voltou apressada para casa, percorrendo estradas cobertas de neve, só para encontrar a avó "bem e sorridente" ao lado da lareira acesa com seu gato predileto, Daffy. Maud descartou seus temores como sendo tolice.

Menos de duas semanas depois, Maud e a avó ficaram gripadas. No início de março já estavam melhorando, e a boa amiga das duas, Tillie McKenzie Houston, foi visitá-las. Naquela noite, Maud chorou até pegar no sono. Mais uma vez estava assombrada por um medo paralisante. Ficava murmurando repetidamente uma linha de Edgar Allan Poe: "Ao anoitecer, o corpo cansado e o cérebro entorpecido voltaram ao seu repouso".

E, afinal, aquela seria a última noite que Maud passaria no seu santuário de infância, no andar superior da casa, seu "ninho branco e pacífico". No dia seguinte, a avó Macneill teve uma súbita piora, e Maud não saiu do lado dela por vários dias. Dormia no andar de baixo, perto da avó. Uma cama foi levada para a sala, para que Lucy ficasse perto da lareira.

LIZ ROSENBERG

O médico foi até lá, apesar dos protestos da velhinha, e informou solenemente a Maud que sua avó estava com pneumonia. Na idade dela, uma doença tão séria "só podia ter um desfecho". Amigos e vizinhos foram prestar as últimas homenagens. Até mesmo o taciturno tio John atravessou a distância entre as duas casas vizinhas, pela primeira vez em cinco anos, para dizer adeus à mãe moribunda. Maud o viu caminhar trôpego, "com o passo cambaleante e a cabeça baixa, como um velho".

Lucy Macneill morreu da mesma forma como tinha vivido, quietinha e sem se queixar. Maud a observou cruzar as mãos depois de lavar a louça, um gesto que a impressionou pela finitude que representava, cruzando-as "para sempre depois da labuta de quase 87 anos". Na morte, as mãos nodosas e gastas pelo trabalho passaram por uma transformação milagrosa. Pareciam "bonitas outra vez na consagração da morte". Seu sorriso parecia a Maud radiante e sábio. Nada além disso, no entanto, permaneceu calmo após a morte da avó.

Maud foi imediatamente mandada embora da casa. Teve autorização para ficar apenas o tempo suficiente para empacotar suas coisas. Pela primeira vez na vida, estava literalmente sem teto.

O coração de tio John havia amolecido um pouquinho para permitir-se fazer uma última visita à mãe moribunda, mas, assim que a casa se tornou legalmente dele, ele virou as costas para sempre. Em vez de permitir que Maud morasse ali, deixou a velha moradia vazia e depois ruir até finalmente ser demolida em 1920.

Os moradores de Cavendish organizaram às pressas uma cerimônia de despedida para Maud, tão simples quanto sincera. Maud doou o órgão da casa para a igreja em cujo cemitério estava o túmulo de sua mãe. E por fim foi embora de Cavendish, em um dia frio e de muito vento, fechando a porta da casa atrás de si.

Ela escreveu:

Toda a amargura da morte se deu naquele momento… e repetiu-se enquanto percorríamos Cavendish e os cenários familiares e lugares amados desapareciam de vista um a um... a casa, as velhas árvores em volta, o cemitério na colina com seu novo morro vermelho, o bosque onde ficava a Alameda dos Apaixonados... linda, sempre lembrada, inesquecível Alameda dos Apaixonados... a orla, a lagoa, as casas dos amigos... tudo finalmente sumindo de vista. Eu estava indo embora de Cavendish para sempre, com exceção de uma ou outra visita eventual no futuro; e, ao ir embora, estava deixando para trás o único lugar do mundo que meu coração amou de verdade.

Maud passou alguns meses em Park Corner, tentando recuperar-se e providenciar seu enxoval de casamento por tanto tempo adiado. Maud ainda estava de luto pela avó, cuja ausência em sua vida parecia "algo impossível e ultrajante... afinal, ela sempre estivera ali". Esta simples frase – *Ela sempre estivera ali* – era o mais próximo de um elogio amoroso que Maud conseguia fazer. Vovó Lucy Macneill significava um lar, e com sua morte Maud havia perdido sua referência essencial.

O futuro se aproximava depressa. Ewan Macdonald tinha esperado pacientemente pela noiva por cinco anos. Finalmente Maud contou ao amigo George MacMillan: "Espero me casar em breve com o reverendo Macdonald". MacMillan e Ewan haviam se conhecido anos antes, quando Ewan estava na Escócia. Maud estava contente por MacMillan aprovar seu amigo, sem dar indícios de que o jovem pastor era mais do que um mero conhecido.

Ela havia se expressado inúmeras vezes para MacMillan sobre sua ideia de casamento, e nessas cartas podemos vê-la pavimentar o caminho para o seu próprio. Dizia que "na amizade deve haver semelhança, mas no amor deve haver diferença". Maud e Herman tinham sido muito diferentes, ou pelo menos era o que ela afirmava. Herman era quieto, Maud era falante; ele era um simples fazendeiro, ela tinha aspirações mais elevadas; Maud se via como intelectual, e Herman não estava interessado em ideias. E, no entanto, ela o adorava e o desejava.

Ela disse a MacMillan – enquanto secretamente noiva: "Se duas pessoas têm afeição uma pela outra, não aborrecem uma à outra e combinam razoavelmente em idade e posição social... suas perspectivas de felicidade juntas são excelentes". Tal união tão sensata podia carecer de "maiores estímulos" da centelha divina, admitia, mas acrescentou que, se um dia se casasse, "essa seria a base na qual fundamentaria seu matrimônio".

No verão de 1911, Maud não precisava mais de um marido para sustentá-la. Havia conquistado independência financeira e reputação internacional. Seus livros continuavam vendendo bem; ela era, para todos os padrões da época, uma mulher rica. Tinha condições de comprar uma casa própria e de mantê-la.

Maud também teve uma última chance daquela fagulha de paixão e romance naquele ano. Com Ewan morando longe em Leaskdale, Ontário, o formoso primo de Maud, Oliver Macneill, começou a cortejá-la com determinação e vigor. Oliver Macneill era um homem abastado, divorciado, bonito e, segundo Maud escreveu em seu diário, do tipo que despertava aquela "arrebatadora chama dos sentidos". Sentia-se tão atraída por ele quanto se sentira por Herman Leard. Oliver Macneill pediu Maud em casamento – na verdade ofereceu a ela todo tipo de relacionamento heterodoxo. Poderiam ficar casados por um ano e depois se separarem; ela poderia ser independente, se quisesse. Mais uma vez Maud viu-se balançar em um precipício tentador. Mas, no final, seu sentimento de lealdade a Ewan Macdonald venceu. Mandou Oliver fazer as malas e jurou "nunca mais caminhar com ele na Alameda dos Apaixonados".

Nada disso impediu que o humor de Maud vacilasse nos meses que antecederam seu casamento. Estava de luto pela avó, pelos amigos de Cavendish e por sua inesquecível casa perto do mar. Era atormentada pelas lembranças da Alameda dos Apaixonados. "Não se passa um dia sem que eu pense nela."

E havia ainda outro tormento secreto para deixar Maud abalada: o marido de sua amiga Tillie, Will Houston, tinha declarado sua paixão por

CASA DOS SONHOS: A VIDA DE LUCY MAUD MONTGOMERY

Maud pouco antes da morte de Tillie. Para ela, Will e Tillie pareciam o casal perfeito e eram dois de seus amigos mais próximos. Já nervosa com a proximidade do casamento, essa revelação a deixou ainda mais ansiosa.

Felizmente Maud estava na alegre Park Corner, "o castelo das maravilhas da minha infância", rodeada por quem melhor a conhecia e mais a amava. Passava horas falando sobre a vida e discutindo literatura com sua prima Bertie. A casa era cheia de lembranças felizes. Ali, na curva da escada, ficava o lugar na parede onde elas a cada ano mediam a altura, para saber quanto haviam crescido.

Os familiares de Park Corner ficaram maravilhados com a chegada do elegante enxoval de Maud. Ela havia encomendado as peças de Montreal, provavelmente por sugestão de Frede. Maud colou amostras de tecidos de seu enxoval no álbum de recortes: seda violeta com debrum de renda, estampa floral de amores-perfeitos lilás sobre fundo creme, musselina marrom e um vestido de noite preto. Maud usara preto durante toda a primavera, de luto pela avó, mas agora abria mão dele com alívio. Escreveu que "A cor é para mim o que a música é para alguns. Todo mundo gosta de cor, mas para mim é uma paixão".

Em junho, Frede voltou para Park Corner de Montreal para uma reunião cheia de alegria. Juntas, as primas viajaram até Cavendish – uma visita mais fácil do que Maud esperava. "Foi um doce prazer estar ali novamente naquela beleza de junho." Cavendish, ao que tudo indicava, nunca perderia a capacidade de renovar e encantar Maud.

Na terça-feira, 4 de julho de 1911, o dia anterior ao casamento, o noivo Ewan chegou de Ontário. Naquela noite, Maud fez duas coisas que nunca imaginara fazer na véspera de seu casamento – chorou e depois "dormiu profundamente a noite inteira!" "Por que tinha chorado?", pensou. Estava "satisfeita", a palavra amena que usava toda vez para descrever como se sentia em relação ao casamento. A brandura escondia uma perda mais profunda: "Acho que chorei por um sonho perdido... um sonho que nunca poderia ser realizado... o sonho de uma menina com o amante que seria o par perfeito, a quem se entregaria sem reservas. Todas nós temos esse sonho. E, quando ele não se realiza, sentimos que algo arrebatador, doce e indescritível passou ao largo da nossa vida!"

O dia do casamento de Maud amanheceu frio e cinzento, ameaçando chuva. Maud usou um vestido simples de crepe e seda marfim com toques de *chiffon*. Não há fotografias dela vestida de noiva, embora o vestido ainda exista e uma réplica esteja em exposição no museu de seu local de nascimento. De uma perspectiva moderna, o vestido de noiva de Maud é um traje simples com babados na gola e na barra. Examinado mais de perto, pode-se ver o brilho de pérolas no tecido. A peça mais excêntrica do enxoval de Maud era um chapéu de copa alta debruado com toda espécie de flores. Maud posou para várias fotos com esse chapéu, que a fazia parecer no mínimo trinta centímetros mais alta.

O casamento foi realizado ao meio-dia na sala principal da casa de Park Corner. A prima e amiga de Maud, Ella Campbell, tocou no órgão *The Voice That Breathed O'er Eden* enquanto a noiva descia as escadas de braço dado com seu tio John Campbell. Segurava um buquê de flores brancas – rosas e lírios do vale – num arranjo com folhagens. No pescoço usava o presente de casamento de Ewan, um colar de pérolas e ametistas. Sentia-se surpreendentemente calma.

Nada sabemos sobre o estado mental de Ewan; nas descrições do casamento e da lua de mel, Maud mal menciona o nome dele. Muito pouca informação chega até nós pela voz do próprio Ewan. Sabemos que deve ter dito, secamente, em resposta ao comentário de um amigo sobre a fama de Maud, "Sim, eu compreendo que a jovem dama é escritora". A frase, proferida antes do casamento, soa apologética, como se ele tivesse descoberto que a noiva colecionava curiosidades e esperasse que ela as superasse.

O casamento de Maud e Ewan não foi a união ideal que ela imaginara, com uma fuga em um bosque, as árvores formando um arco sobre os noivos e os dois, apaixonados, declarando seus votos sem ninguém por perto. Mas novamente a noiva se declarou "satisfeita" com sua cerimônia simples.

A prima Frede preparou um elaborado banquete para depois da cerimônia. No instante em que Maud se sentou à mesa para o almoço de casamento, sentiu "uma súbita e horrível onda de revolta e desespero". A realidade a atingiu de repente e com força. Maud resistiu ao louco impulso de tirar o anel do dedo e sair correndo. Em vez disso, ficou ali sentada, envolta em seu véu branco, "uma prisioneira desamparada", olhando para o prato, "mais infeliz do que nunca me senti na vida". Não conseguiu engolir nem uma garfada da esplêndida refeição preparada por Frede.

Na partida de Park Corner, os recém-casados se viram trafegando atrás de um cortejo fúnebre. Percorreram o trajeto inteiro como se estivessem no funeral, quilômetro atrás de quilômetro. Maud tentou achar engraçado na hora, mas depois lembrava-se disso como um mau agouro.

"As que os deuses desejam destruir"

Maud mal menciona Ewan ao contar sobre a lua de mel, tanto no diário como nas longas cartas que escreveu para a família. Em uma fotografia tirada a bordo de um navio durante a lua de mel, Ewan Macdonald se destaca entre os outros passageiros. Parece mais alto, mais bonito, mais esbelto e mais másculo, talvez alguns centímetros mais alto por causa do chapéu de pastor. De qualquer forma, parece estar bem no centro da cena, como se imaginaria que Maud estivesse. Está ligeiramente de lado, olhando para os outros, e é possível ver seu sorriso de covinhas.

Os *royalties* dos livros de Maud pagaram a viagem de lua de mel. O casal passou os três primeiros meses da vida de casados viajando pela Inglaterra e pela Escócia, uma viagem com a qual Maud sonhava fazia um longo tempo, visitar a Velha Terra. A reação inicial de Maud à Europa foi característica. Sentiu "saudade de casa, repentina, infeliz e irremediavelmente saudosa de casa!"

Maud ficava comparando a Inglaterra – desfavoravelmente – com a Ilha do Príncipe Edward. Mas, em um castelo que visitou, viu pequenas flores azuis iguais às que cresciam com abundância no jardim de sua avó em Cavendish. Certamente a avó Lucy Macneill, que havia nascido e sido criada na Inglaterra, levara aquelas florzinhas para o Canadá e as plantara para lembrar-se de seu antigo lar.

A Inglaterra trazia outras recordações familiares também. Maud nunca se esquecera dos cãezinhos de porcelana com manchinhas verdes na casa do avô Montgomery em Park Corner – os cãezinhos que seu pai dizia que pulavam para o tapete em frente à lareira à meia-noite. Na Inglaterra, ela encontrou os cachorrinhos. Tinham manchas douradas em vez de verdes e eram tão grandes que não caberiam na cornija da lareira; mas ela decidiu que aqueles preciosos *souvenirs* guardariam a lareira em sua nova casa. Comprou os cachorrinhos e os despachou para casa de navio.

Maud havia combinado encontrar seu amigo correspondente de longa data George MacMillan, na Escócia. De lá ele os acompanharia em seus passeios. Era um arranjo estranho para uma lua de mel, mais estranho ainda pelo fato de MacMillan levar sua noiva junto, uma jovem chamada Jean Allen. A senhorita Allen, de 20 anos, era de longe a mais nova do quarteto. Segundo Maud, era uma "moça muito bonita", com cabelos loiros brilhantes e compleição "simplesmente exótica". Mas era irritadiça e difícil de agradar; sua personalidade era bem menos interessante que sua aparência, Maud logo descobriu, observando que a única vantagem da senhorita Allen era "o frescor dos 20 anos e a beleza exterior".

Maud não reconheceu de imediato seu amigo correspondente escocês. Foram Ewan e MacMillan que se reconheceram, tendo se encontrado anos antes em Glasgow. George MacMillan era um rapaz "bonito, loiro e franzino", ela descreveu. Sentiu uma ternura imediata por ele. Anos mais tarde comentaria, brincando, sobre promover um casamento entre

MacMillan e sua prima Bertie McIntyre. O mais importante, porém, é que ele era "uma pessoa com uma das melhores conversas que conheci". Quando os quatro saíam em excursões, Maud e MacMillan passavam o tempo todo conversando, enquanto a senhorita Allen ficava emburrada e em silêncio.

Ewan comentou com cautela que era provável que a senhorita Allen se sentisse deixada de lado enquanto Maud e MacMillan "se envolviam em longas discussões literárias". Dali por diante, Maud ficou mais atenta e fazia questão de caminhar ocasionalmente, ou com a senhorita Allen ou com Ewan, mas nada melhorava o humor da senhorita Allen. A moça tentou escapar de uma expedição em barco a remo e foi passear sozinha. No final, MacMillan não se casou com a mal-humorada senhorita Allen e ficou solteiro para o resto da vida.

Os recém-casados viajaram sozinhos pelas Ilhas Britânicas. Não visitaram a Ilha de Skye, o lar ancestral da família de Ewan. Maud tampouco procurou seus parentes escoceses ainda vivos. Em vez disso, fizeram um *tour* literário pela Escócia, conhecendo lugares ligados aos autores escoceses favoritos de Maud – Sir Walter Scott, o poeta Robert Burns e J.M. Barrie. O céu da Escócia, ela escreveu, é tão bonito que praticamente compensa a ausência do mar.

Os nomes das lojas davam a Maud a sensação aconchegante de "estar em casa", contou – todos aqueles Simpsons e Macneills. Certo dia ela e Ewan encontraram um arvoredo de abetos e extraíram um pouco da resina agridoce. Mas o Velho Mundo não era como Maud havia imaginado. A Prince Street em Edimburgo não era a rua "dos meus sonhos, a avenida das fadas com jardins, estátuas e palácios".

É fácil concluir que essa também não foi a lua de mel dos sonhos de Maud, embora ela não tenha escrito sobre detalhes íntimos naquelas primeiras noites com o marido. Claramente, a "louca paixão" estava faltando. E Ewan não era um espírito afim. Sabemos que Maud sofreu de uma dolorosa cistite, conhecida como "doença da lua de mel", portanto é provável que ela e Ewan fossem sexualmente ativos. Mas, desde o início, a união deles era mais de companheirismo do que um entrosamento de almas.

O momento romântico predileto de Maud era sentar-se com Ewan na borda de uma floresta pacífica, depois que se separaram de George MacMillan e da senhorita Allen. Isto era algo próximo do seu ideal, sentar-se em um bosque com vista para o lago, longe do resto do mundo agitado, "aproveitando um pouco da lua de mel em isolamento na Natureza".

Uma das últimas paradas foi em Dunwich, na Inglaterra, onde a avó Macneill tinha vivido até os 12 anos de idade. Maud esperava sentir algum interesse pelo lugar, mas ficou chocada com a intensidade de sua reação. "A emoção quase me dominou. Parecia que minha avó e tia Margaret estavam em algum lugar por ali, meninas de 12 e 14 anos, rindo e brincando... Senti saudade de casa, e no entanto sentia como se tivesse voltado para casa."

Depois de dez semanas fora, Ewan e Maud estavam prontos para começar uma vida nova em Ontário. Maud havia tomado providências para que algumas reformas fossem feitas na casa deles durante sua ausência. Navegando em setembro por mares mais revoltos do que na viagem de ida, sentia-se ansiosa para "construir meu ninho e reunir minhas coisas". Pela primeira vez na vida, Maud tinha sua própria casa.

Eles chegaram no dia 24 de setembro de 1911, em "uma úmida e tenebrosa noite de outono", e percorreram no escuro o trajeto de mais de dez quilômetros até a nova moradia. O problema é que a casa estava longe de estar pronta – nem mesmo estava habitável. Outras providências teriam de ser tomadas. Ewan e Maud se hospedaram na residência de Mary e Lizzie Oxtoby, duas irmãs solteironas idosas e excêntricas "que teriam deixado Dickens encantado", ela escreveu.

De sua parte, Maud não ficou nem um pouco encantada. As duas velhotas eram extremamente curiosas com relação ao novo pastor e sua esposa e bisbilhotavam cada movimento deles. O quarto temporário dos Macdonalds era pequeno e desconfortável, e as irmãs Oxtobys eram péssimas cozinheiras. Lizzie Oxtoby dava risada de tudo. Maud disse depois que, se você contasse a Lizzie que seu pai se enforcou, seu marido enlouqueceu e seus filhos foram queimados vivos, Lizzie teria dado risada.

O vilarejo de Leaskdale era praticamente não existente, com dez ou doze casas no máximo. Os Macdonalds moravam perto do ferreiro e do fabricante de rodas. A casa, conforme Maud escreveu, era uma construção "feiosa de tijolos claros em formato de L", um estilo popular em Ontário, na época. Infelizmente para os cães de porcelana, não havia lareira na casa. Maud deu aos cachorrinhos os nomes de Gog e Magog, em homenagem a dois ferozes personagens da Bíblia, e colocou um de cada lado de sua estante de livros. Para desalento de Maud, não havia banheiro nem toalete dentro da casa; mas era uma construção espaçosa, com cinco quartos, sala de estar, sala de jantar, cozinha e biblioteca.

Em uma das cenas mais tocantes do romance que Maud depois escreveria, *Anne e a casa dos sonhos*, Anne Shirley se força a sair de sua aconchegante casa dos sonhos à beira-mar e muda-se para uma casa grande na cidade, perto de onde seu marido Gilbert trabalhava. A criada Susan elogia a nova casa como "grande e bonita". "'Detesto casas grandes', soluçou Anne."

Maud estava vivendo essa mesma cena. Lamentava ter perdido Cavendish e a Ilha do Príncipe Edward, mas rapidamente superou e seguiu em frente. Como esposa do pastor, Maud se encontrava no centro das coisas. Embora inicialmente tenha escrito sobre Leaskdale que "Não existe aqui uma única pessoa interessante ou realmente inteligente", ela logo se apegou às pessoas e às paisagens. Alguns de seus anos mais pacíficos foram passados em Leaskdale, criando comunidade e família.

O sacerdócio de Ewan era duplo, com uma igreja em Leaskdale e outra em Zephyr, a cerca de dezoito quilômetros de distância. Das duas, Maud preferia Leaskdale. A igreja de Zephyr era mais velha, pouco atraente e mal iluminada. Os moradores de Zephyr eram mais pobres e menos simpáticos. A estrada para lá era perigosa, normalmente lamacenta e cheia de sulcos. E, como Zephyr também abrigava uma igreja metodista, havia uma divisão rancorosa na cidade que nem mesmo o gentil Ewan conseguia abrandar.

A congregação de Leaskdale consistia principalmente de fazendeiros abastados. No dia seguinte à chegada dos Macdonalds, a igreja estava lotada, em parte pela ansiedade por ouvir o novo pastor, em parte para saudar sua esposa famosa, a aclamada autora de *Anne de Green Gables*.

Alguns dias depois, o irmão de John Mustard, dentre todas as pessoas do mundo – parecia que Maud não conseguia escapar dos Mustards — fez o discurso oficial na cerimônia de boas-vindas a Ewan. Por extraordinária coincidência, Maud observou, ela tinha ido parar "na localidade natal de John Mustard". John Mustard era agora um pastor conceituado na vizinha Toronto, casado e com uma família. Era muito admirado, se não por Maud, pelo resto do mundo.

A residência de Leaskdale nunca seria inteiramente a casa de Maud, claro – pertencia à igreja –, mas ela podia embelezá-la a seu gosto, quanto quisesse. Possuía os recursos, a energia e pela primeira vez na vida, ninguém para se interpor em seu caminho. Estava tão ansiosa para começar que os Macdonalds se mudaram antes que a casa estivesse totalmente pronta. Maud mandou pintar os pisos de verde em vez do habitual cinza. Colocou seu papel de parede preferido, com padrão de folhagens de samambaia. Na biblioteca, compartilhada com Ewan, finalmente ela tinha espaço para todos os seus livros.

Ali eles penduraram retratos emoldurados dos lugares favoritos da Ilha do Príncipe Edward, bem como cópias das pinturas das capas dos três livros de Maud: *Anne de Green Gables*, *Kilmeny do pomar* e *A Menina das Histórias*. O quarto deles era decorado com móveis cinza-perolados e um tapete vermelho-vivo. Maud pintou um quarto de rosa e branco e outro de azul. O quarto do andar térreo virou quarto de costura, e os outros dois foram transformados em depósito e aposentos de empregada. Na sala de estar, com os cães de porcelana malhados, Maud exibia orgulhosamente o enorme jarro que fora herança de sua bisavó, uma peça que atraía a atenção das visitas e dava um bom assunto para conversas. A casa ficava no centro de um lindo gramado, com espaço para plantar um jardim. A rua que passava atrás da casa lembrava muito a amada e saudosa Alameda dos Apaixonados. Maud ia sempre lá, para longas caminhadas, sempre que tinha algum tempo livre.

Antes do casamento, Ewan dissera aos amigos "Sim, eu compreendo que a jovem dama é escritora", mas pretendia que a vida da esposa fosse dedicada ao trabalho dele e à sua felicidade. Depois do casamento, Ewan tentou persuadir Maud a publicar suas obras sob o nome de Senhora Macdonald. Maud se recusou. Não há evidências de que Ewan fosse fã do trabalho de Maud. Posteriormente ela escreveu, talvez injustamente, que não tinha certeza se algum dia ele leria algum livro seu. Maud nunca dedicou um livro ao marido.

Como esposa de pastor, Maud era visada pelo público e estava sempre disponível. Era encarregada de manter a casa paroquial em ordem – responsável por cozinhar, limpar, lavar e passar. Frequentava inúmeros eventos sociais e da igreja e estava regularmente em casa para receber os membros da congregação do marido. Isto significava horas de visitas repletas de conversas ociosas. Maud gostaria de poder dedicar mais tempo a escrever. Sentia muita falta de sua solidão. Escrevia exasperada para George MacMillan: "As que os deuses desejam destruir eles transformam em esposas de pastor".

Graças à renda de Maud como escritora, os Macdonalds tinham condições de pagar criadas para ajudar em casa. Maud insistia que elas fizessem as refeições na sala de jantar, com a família. Na verdade, alguns de seus relacionamentos mais próximos foram com essas ajudantes. Maud planejava as refeições e tarefas com uma semana de antecedência, e cada dia tinha sua rotina, com cardápios e tarefas específicas. Orgulhava-se de ser boa cozinheira e dona de casa. Amava cuidar do jardim. Seus trabalhos manuais de costura e bordado sobrevivem, em monogramas e floreios elegantes e elaborados. De modo geral, Maud achou aqueles primeiros tempos na nova casa de Leaskdale uma "época movimentada e empolgante".

Maud também se envolveu na vida da congregação. Como sua tia-avó Mary Lawson, era uma grande contadora de histórias, talentosa e espirituosa. Suas primeiras vezes "em casa" se deram poucos dias depois de mudar-se para a casa paroquial, e "dali por diante todas as terças-feiras à tarde e à noite".

Maud conseguiu arrumar tempo para seu trabalho – escrevendo rascunhos à mão de manhã e datilografando na parte da tarde. Depois, mesmo que estivesse cansada, tinha de se "vestir e ir tomar chá e conversar", cuidando para não desconsiderar nem negligenciar ninguém. Muitas vezes mal conseguia manter os olhos abertos. Aquelas intermináveis visitas pastorais, declarou, eram "uma invenção do diabo em pessoa".

Maud também tinha trabalho à sua espera cada vez que visitava a igreja menor e mais pobre de Zephyr. Passou a temer o trajeto de quase dezoito quilômetros até lá, com o vento gelado e cortante atingindo o rosto no inverno e a recepção igualmente fria da congregação. Onde quer que fossem convidados para tomar chá, era sempre o mesmo que era servido: frios e batatas fritas. Ela passou a chamar as quintas-feiras em que tinham de viajar até Zephyr de "Quintas-feiras Negras".

Maud preferia o tempo que passava com o grupo jovem de Leaskdale. Gostava da companhia dos jovens, e a "garotada" admirava a energia e o bom humor de Maud. Ela tinha a reputação de "fazer as coisas acontecer". Em pouco tempo estava organizando recitais, debates animados, todo tipo de entretenimento pelo qual ansiava quando menina. Associou-se ao clube de leitura local e dava aulas na escola dominical na igreja do marido. Recebia convites de comunidades próximas, mas recusava com firmeza os convites para ir a qualquer outro lugar.

Sua escrita era, conforme confidenciou no diário, "uma vocação verdadeira, conferida a mim como aquela de um missionário ou pastor". Ewan teria ficado chocado com essa declaração. Ele acabou compreendendo, com certo desalento, que nada neste mundo – nem os deveres como esposa de pastor, como mãe ou como membro da igreja – impediria L. M.

Montgomery de escrever. Maud tinha prática em levar uma vida dupla; fazia isso desde sempre. Seus mundos e personagens imaginários eram tão reais para ela quanto aqueles que existiam ao seu redor. Ela "fechava a porta da alma" para as distrações e se refugiava "em uma cidadela de pensamentos queridos e lindas imaginações".

Depois daquele primeiro ano, Maud escreveu para George MacMillan: "Gosto muito de Leaskdale... não a amo". Tentava ser diplomática e gentil, entendendo seu poder e *status* peculiar como esposa do pastor. Dava-se bem com a maioria dos fiéis. Ainda assim, escreveu, os "portões internos da minha alma estão trancados para eles. Eles não têm a chave". Teria de bom grado trocado todo o cenário de Ontário, declarou, por uma caminhada na Alameda dos Apaixonados ao pôr do sol.

Maud não teve depressão de inverno naquele primeiro ano, apesar – ou talvez por causa – da agitação de seu dia a dia. Conseguia escrever de forma constante, trabalhando em duas novas coleções de histórias. Em outubro de 1911, Maud escreveu em seu diário: "Estou contente... posso dizer, feliz. Existe uma felicidade absoluta e uma felicidade comparativa. A minha é a segunda. Depois da infelicidade e preocupação dos últimos treze anos, esta minha existência me parece muito feliz. Eu me sinto... na maior parte do tempo... contente".

Logo o contentamento virou alegria. Com 37 anos, Maud se preocupava por ter esperado demais para ter filhos. Em novembro, descobriu que estava grávida. A notícia a deixou eufórica. Parecia "tão incrível... tão maravilhoso... praticamente impossível que estivesse acontecendo comigo!"

Para comemorar, Maud deu um passo final para transformar a casa em um lar. Voltou para a Ilha do Príncipe Edward para buscar seu gato, Daffy, o elegante e altivo animal de estimação que até a avó Macneill, que detestava gatos, adorava. O bichano foi despachado de Cavendish por navio em um engradado de madeira, e, quando os vizinhos dos Macdonalds chegaram com a preciosa carga, avisaram Maud para esperar o pior. Nenhum som vinha de dentro da caixa. A pobre Maud teve certeza de que o gato tinha morrido. Abriu a caixa, e Daffy saiu graciosamente e a beijou – uma rara demonstração de afeto. Depois deixou clara sua contrariedade com a viagem desaparecendo pelo resto do dia.

Maud sempre tinha pelo menos um gato. Até quando viajava, tirava fotos dos gatos que via. "O único animal de verdade é o gato, e o único gato de verdade é o cinza", declarou certa vez. Teve muitos gatos ao longo da vida, a maioria cinza, mas gatos tigrados e filhotinhos pretos também fizeram parte de sua vida. Ela autografava os livros desenhando um característico gato preto embaixo da assinatura. Daffy era especialmente querido por causa de sua conexão com Prince Edward Island, "a única ligação viva entre mim e o passado", escreveu.

Maud sempre fora magrinha, e não especialmente forte. Preocupava-se com sua capacidade de levar aquela primeira gestação a termo. Frede viajou para Leaskdale para ficar com a prima na hora do nascimento. Maud contratou uma enfermeira profissional em vez de recorrer a uma parteira e também providenciou para que um médico estivesse presente no parto.

No final da gravidez, Maud teve um sonho assustador: havia um caixão preto atravessado a seus pés. Ficou com medo que significasse que ela, ou o bebê, ou ambos, iriam morrer no parto. Em 1912, esse medo não era descabido – a taxa de mortalidade de recém-nascidos e parturientes era alta. Bem depois em sua vida, ela se lembraria desse sonho premonitório e sombrio: seu primeiro filho, o caixão aberto puxando-a para baixo. Suas mágoas e preocupações com aquele filho primogênito tão desejado e querido um dia seriam, na verdade, quase fatais.

Chester Cameron Macdonald nasceu um pouco depois do meio-dia, em 7 de julho de 1912, um menino saudável. O parto foi fácil. A maravilhosa Frede estava a seu lado – outra bênção. E, mais ainda, a querida prima de Maud ficou para ajudar com o bebê. Maud e Frede se davam "maravilhosamente bem", Maud observou, acrescentando que finalmente tinha "o lar que havia sonhado". As duas mulheres adoravam o pequeno "Punch", como o apelidaram. Chester foi um bebê que não deu trabalho naquele primeiro ano.

Maud e Frede se encantavam com todos os preciosos primeiros eventos de Chester. A primeira palavra que ele disse foi "Uau!". Juntas elas faziam poemas sobre ele. Ewan era um pai orgulhoso, mas deixava a criação diária, a disciplina e até a educação religiosa dos filhos para Maud. A adoração dela por aquele menino "se entrelaçou com as fibras mais íntimas do meu ser". Lamentava cada evento que marcava o crescimento de seu filho, que o afastava um pouquinho dela, como quando as camisolas dele foram encurtadas e quando ele tomou a primeira xícara de leite. Chorou no dia em que parou de amamentá-lo. Mas "a maternidade é o paraíso", deslumbrava-se. "Compensa tudo."

Maud nunca parou de escrever, nem durante a gravidez nem depois de dar à luz. Acordava cedo, por volta de seis horas da manhã, e escrevia à mão algumas horas todo dia. À tarde ela datilografava – uma tarefa longa e árdua, mas sua caligrafia era tão ruim que ela temia que ninguém conseguisse decifrar. Havia agora outros assuntos para cuidar também, relacionados aos livros – cartas de leitores, correspondência pessoal e questões financeiras, além de todos os deveres como esposa de pastor e agora mãe. Maud reservava as noites para ler, quando ficava acordada até tarde.

Ela se manteve surpreendentemente produtiva durante toda a maternidade, publicando praticamente um livro por ano. No ano em que Chester nasceu, publicou uma coleção de histórias, *Crônicas de Avonlea*. Tinha enviado à L. C. Page & Company várias histórias para que escolhessem, presumindo que descartariam o resto. Mas Page não só mandou imprimir todas as histórias, como depois insistiu em reivindicar os direitos autorais.

Em 1913, Maud publicou a sequência de *A Menina das Histórias*, intitulada *A estrada dourada*. Como sempre, teve receio de que a continuação não fosse tão forte quanto o primeiro livro. Foi um alívio quando os críticos e leitores discordaram.

Os problemas de Maud nos primeiros anos em Leaskdale foram, em sua maioria, mais cômicos do que sérios. Quando Frede foi para Leaskdale, levou consigo sua espinhosa irmã mais velha, Stella. Stella era solteira e estava sem rumo na vida. Acabou ficando como empregada assalariada dos Macdonalds, embora tiranizasse todo mundo na casa. Ewan não gostava especialmente – e temia – da língua afiada dela. Era mandona, briguenta e hipocondríaca e parecia disposta a ficar em Leaskdale para sempre. Em muitos aspectos, representava o pior de todos os hábitos e temperamentos da família – tinha o gênio difícil do avô Macneill e a aversão e implicância da avó Macneill com qualquer companhia. Mas era da família, e era impossível simplesmente dispensá-la ou pedir que fosse embora.

No entanto, na mesma medida em que era indomável, Stella era leal. Apesar de insuportável, ela "faria qualquer coisa por você, reclamando amargamente" a cada minuto. Repreendia Maud na frente das visitas por não ter colocado leite suficiente no chá, e, quando alguém perguntou a Maud quando ela pretendia começar a faxina de primavera, Stella interrompeu para responder: "*Eu* vou começar, na semana que vem". Por fim Frede conseguiu convencer a irmã de que estavam precisando dela de volta em Park Corner. Os Macdonalds suspiraram aliviados e contrataram uma nova moça, chamada Lily, que era bem mais dócil. Frede ficou em Leaskdale, ajudando com o bebê Chester até dezembro, depois foi ocupar um cargo de professor em Alberta. Sua partida deixou um vazio na vida doméstica e pessoal de Maud. Sem Frede, ela "não tinha uma amiga de verdade por perto". As duas primas eram confidentes, fofocavam, faziam companhia uma à outra em silêncio ou falavam sobre filosofia. Também realizavam sessões secretas em um tabuleiro Ouija – até que começaram a circular rumores de que a esposa do pastor havia sido vista tentando invocar o diabo.

Maud adorava sua nova vitrola supermoderna, mas ela e Frede tinham de baixar o volume para os vizinhos não escutarem. Sem a companhia de Frede, Maud sentiu-se desolada. "Não tenho vida social aqui... nem mesmo o pouco que eu tinha em Cavendish", lamentava.

Claro que Maud tinha a companhia do marido e do filho amado. Mas nada substituía a alegria, a intimidade e a descontração que sentia com

Frede. É difícil avaliar o papel de Ewan na vida da esposa, já que Maud escreveu tão pouco diretamente sobre seu casamento. O silêncio dela a respeito é eloquente. Sabemos que, em um Dia dos Namorados, ele a chamou de "a esposa mais querida do mundo" e que essas expressões de afeto eram raras. Ewan era um homem tímido, reservado e reticente – o oposto do que Maud sempre desejara.

Superficialmente, pareciam combinar bem. Ambos eram presbiterianos, cultos, tinham o mesmo tipo de educação, tinham classe. Mas o humor de Ewan se inclinava mais para piadas práticas. Movia-se tão devagar e falava tão baixo e mansamente que passava a impressão de ser tedioso, ao passo que Maud era expansiva e com presença marcante. Ewan só ficava à vontade quando falava em público, justamente onde Maud era mais retraída. Ewan era melancolia, Maud era alegria. Talvez, afinal, eles nem fossem diferentes o suficiente para serem marido e mulher nem suficientemente parecidos para serem amigos.

Naqueles primeiros anos, de brincadeira, Maud respondeu a um desses questionários que até hoje ainda aparecem nas revistas populares. Copiou suas respostas no diário: Sua hora favorita do dia era o pôr do sol e a hora seguinte. A estação favorita era a primavera. Mas quando chegou em "ideia de felicidade", ela hesitou. Primeiro respondeu levianamente: "um bom livro e um prato de maçãs bem vermelhas". Mas, depois pensou no filho querido, Chester. "Mas estar nos braços de um homem que amei com todo o meu coração... é, afinal, a ideia de felicidade de toda mulher, se ela for sincera o suficiente para admitir. Existem felicidades menores, doces... mas essa é a única que é perfeita."

Faltava a Maud a felicidade perfeita, sem dúvida. Muitas vezes sentia-se solitária em seu casamento com Ewan. No entanto, a vida ainda continha momentos "queridos e doces". Em 1913 ela finalmente começou a trabalhar em *Anne da Ilha*, a história romântica que a entrevistadora de Boston a tinha incentivado a escrever anos antes. Maud estava relutante em começar essa sequência da história de Anne, e o trabalho rendia devagar.

CASA DOS SONHOS: A VIDA DE LUCY MAUD MONTGOMERY

Maud nunca gostara do primeiro estágio de planejar um livro, mas, assim que engrenava na história, era um desafio *não* escrever. Era conhecida entre amigos e parentes por falar sozinha, experimentando frases do romance e em seguida correndo para o quarto para anotá-las. Ria alto quando uma cena engraçada lhe ocorria. Mas tinha dificuldade para se envolver de novo na "atmosfera de Anne... como vestir uma roupa usada anos atrás... que já não tem mais nada a ver". Mas seu editor continuava a pressioná-la para produzir mais e mais livros de Anne, e os leitores também.

Apesar da dificuldade para começar o romance, *Anne da Ilha* é um dos mais lindos livros de Montgomery. É repleto de personagens secundários memoráveis, que sempre foram o grande talento imaginativo de Maud. Talvez fique devendo a *Anne de Green Gables* somente em lirismo e realização. *Anne da Ilha* apresenta uma cena de morte inesquecível, baseada no que Maud havia testemunhado na morte prematura de sua parente e grande amiga de infância Penzie Macneill. Mas é também uma história repleta de promessa de juventude. Maud questionava o valor de *Anne da Ilha*, publicado durante os primeiros sombrios dias da Primeira Guerra Mundial, mas os críticos e leitores amaram.

Naquele mesmo verão, Maud voltou à Ilha do Príncipe Edward, o lugar que ainda chamava de "lar". Seu primeiro vislumbre do cintilante mar azul do alto de uma colina a atingiu diretamente no coração. Naquele momento, conforme confidenciou a George MacMillan, "tive a intensa sensação de que nunca mais poderia ir embora de novo".

Maud não visitou a velha casa dos Macneills durante essa viagem, mas ficou hospedada lá perto por quase três semanas, "semanas lindas, com uma pontinha de tristeza". Desceu até a praia e reviveu os "mergulhos" no mar. Ela, o bebê Chester e Ewan passearam por campos de grandes margaridas amarelas e pelas estradas vermelhas da Ilha. Maud colheu morangos e caminhou entre os abetos no ar úmido do orvalho, com a sensação de que "nunca havia saído de Cavendish, como se a casa de Ontário fosse um sonho".

A casa dos Macneills estava negligenciada e alugada pelo tio de Maud, e ela não teve coragem de chegar perto. Em vez disso, caminhava pela Alameda dos Apaixonados, "dia e noite". Por fim, num final de tarde, subiu até o alto de uma colina de onde se podia avistar a casa e contemplou o cenário tão familiar, a janela de seu quarto, o pomar, o bosque e os caminhos arborizados. Tudo parecia igual e, ao mesmo tempo, mudado – precioso e fora do alcance, como seu sonho de um casamento por amor. "E voltei daquela peregrinação... com plenitude no coração".

Maud logo descobriu que estava grávida novamente. Dessa vez esperava que fosse uma menininha. Estava trabalhando em *Anne da Ilha* e, assim que retornou para Leaskdale, surpreendeu-se ao se sentir "contente por estar de volta... por estar em casa!"

O ano de 1913 começou promissor. Ewan havia iniciado um programa missionário estrangeiro por intermédio da igreja de Leaskdale. Um programa missionário bem-sucedido normalmente servia de trampolim para congregações de mais prestígio. Maud e Ewan almejavam ir para a grande e elegante cidade de Toronto. Ela ia com frequência a Toronto quando queria ter contato com o mundo literário canadense.

E estava desenvolvendo uma segunda carreira lucrativa como uma popular oradora. Em outubro, fez uma palestra para um multidão de quase mil mulheres no Women's Canadian Club em Toronto. Não foi como a senhora Macdonald, esposa do pastor, mas como L. M. Montgomery. Tanto Maud como Ewan se sentiam renovados, cheios de energia e esperançosos com relação ao futuro. Não faziam ideia das tempestades que estavam por vir.

Um mundo mudado

A segunda gravidez de Maud foi mais difícil que a primeira. Ela sentia muitos enjoos e cansaço, e os últimos dias de 1913 foram sofridos, conforme ela tentava sobreviver ao longo das festas de fim de ano. Confidenciou em seu diário que ficaria "amargamente desapontada se o bebê não fosse menina". Maud estava chegando aos 40 anos e acreditava que aquele bebê fosse o seu último. Estava mais nervosa com o segundo parto do que ficara com o primeiro, sem as primas Frede e Stella por perto para ajudar e lhe fazer companhia.

Em 13 de agosto de 1914, os piores receios de Maud se tornaram realidade. Seu segundo filho – chamado Hugh Alexander em homenagem ao avô materno – nasceu morto, com o cordão umbilical enrolado no pescoço. Depois que estava totalmente desperta, viu o lindo bebezinho morto deitado a seu lado. O "Pequeno Hugh", como o chamava, foi sepultado no Zion Cemetery, perto de Uxbridge. O luto de Maud pelo filho foi intenso, um misto de tristeza profunda e culpa. Se ao menos não tivesse desejado uma menina! O médico garantiu que aquele tipo de fatalidade era comum e que a culpa não era dela. Mesmo assim, Maud sofreu uma longa, lenta e triste convalescença. Escreveu para George MacMillan: "Todo o sofrimento da minha vida inteira não chega aos pés desta agonia". Somente a companhia do pequeno Chester, doce e amoroso, trazia algum consolo a Maud.

O mundo estava em turbulência. Em 28 de junho de 1914, o arquiduque Francisco Ferdinando da Áustria foi assassinado na Sérvia, um país pequeno e pouco conhecido. Foi o início de um período desastroso mais tarde conhecido como Primeira Guerra Mundial. No dia 5 de agosto, Maud soube, com horror, que a Inglaterra havia declarado guerra à Alemanha. Não conseguia acreditar, aquilo lhe parecia "um sonho horrível". Menos de duas semanas depois, seu filhinho era enterrado no Zion Cemetery, e notícias terríveis continuavam a se espalhar. "A civilização", escreveu, "está horrorizada com as coisas abomináveis que estão acontecendo."

A maioria dos vizinhos de Maud em Leaskdale, fazendeiros bem de vida, considerava-se distante da guerra que acontecia na Europa. O envolvimento impetuoso de Maud era incomum naquela época e lugar. Tornou-se presidente da Cruz Vermelha local e passou a percorrer as localidades próximas solicitando alistamento – um recrutamento mandatório para os canadenses.

Maud acompanhava as notícias da guerra como se sua vida dependesse de cada conflito. Novamente o pequeno Chester era seu conforto diante do sofrimento e ansiedade. Uma noite ela o levou para sua cama, e no meio da noite sentiu-o beijando sua mão. No diário, ela escreveu: "Que bênção você é para mim! Será que você será assim sempre?" Quando se lembrou dos soldados morrendo em campos estrangeiros e nas crianças assassinadas na Bélgica, pensou no próprio filho.

Maud disse a George MacMillan, meio brincando, que não havia tido "uma única refeição decente" desde que a guerra começara. A correspondência chegava todos os dias ao meio-dia e meia, meia hora antes do almoço. Se as notícias fossem boas, ficava empolgada; se fossem ruins, ficava perturbada, e em nenhuma das circunstâncias conseguia comer direito.

Para os vizinhos, a fixação de Maud com relação à guerra parecia loucura. Ela encontrava algum conforto escrevendo para MacMillan, que estava morando na Escócia, no centro da confusão, mas preocupava-se constantemente que algum zepelim caísse em cima dele. Começou a sonhar com as batalhas, e muitos desses sonhos lhe pareciam agourentos. Segundo seus próprios relatos, ela teve mais de dez sonhos proféticos durante a guerra.

Maud ainda estava trabalhando em seu livro ambientado em uma faculdade, *Anne da Ilha*. Sentia-se ridícula escrevendo sobre festas de estudantes, exames e namoros enquanto o mundo se acabava. Mas, como havia prometido a si mesma anos antes, pretendia ser uma "mensageira de otimismo e luz". Os escritos de Maud seriam, anos depois, oferecidos aos soldados poloneses durante a Segunda Guerra Mundial, para transmitir conforto e força. O livro que eles escolheram foi outro romance de Maud escrito durante a Primeira Guerra, *Anne e a casa dos sonhos*.

Maud completou 40 anos em 1914 e continuava cheia de esperanças, sonhos e ambições. Descobriu, para sua grande alegria, que estava grávida pela terceira vez. No entanto, más notícias se seguiram às boas. Uma carta chegou de Montreal, avisando que sua preciosa prima Frede estava muito doente, com febre tifoide. Os médicos temiam o pior, e Maud entrou em pânico. "Não conseguia conceber um mundo sem Frede." As duas primas compartilhavam confidências desde aquela longa e quente noite de verão em Park Corner, quando descobriram que eram espíritos afins.

Maud viajou apressadamente para Montreal para ficar com a melhor amiga. Sua presença pareceu ter um efeito mágico. Assim que viu Maud, Frede começou a melhorar. Milagrosamente, e contrariando as previsões dos médicos, Frede sobreviveu à febre tifoide.

Naquele verão, grávida do terceiro filho, Maud retornou à Ilha do Príncipe Edward para uma visita, mas pela primeira vez ficou relutante em sair de Leaskdale. Sofria com enjoos matinais e estava sempre atenta às notícias da guerra. Mais que isso, tinha o pressentimento de que dessa vez a visita à cidade natal não seria feliz nem fácil. De fato, quase imediatamente recebeu a notícia de que a mãe de uma de suas amigas de infância havia falecido. Fazia pouco tempo que ela tivera um sonho lúgubre com essa amiga.

Certa noite, Maud saiu e caminhou até a igreja, ao longo da borda da pradaria, passando pelo bosque de abetos, até que a casa de seus avós "surgiu à minha frente, numa sombra suave e prateada". Parou diante da janela de seu antigo quarto. Parecia que a avó estava lá dentro, esperando por ela; que o gato Daffy brincava por ali, que as amigas da escola a rodeavam e que sua cama branca aguardava seu retorno. Foi um momento estranho, encantado, em meio às ruínas da velha casa – e por cerca de meia hora o mundo perdido reviveu para ela mais uma vez.

E, no entanto, quando Maud voltou para Leaskdale com Frede a seu lado, declarou que aquele regresso para casa era um dos raros momentos "perfeitos" de sua vida. Crianças, jardins, gatos, tudo o que ela amava a deslumbrava. Maud também chegou em casa para encontrar o primeiro exemplar de *Anne da Ilha* esperando, novo em folha.

Esse livro marcou, de diversas maneiras, um desfecho nos capítulos de Anne. Maud tinha certeza de que enfim terminara de escrever sobre Anne. E *Anne da Ilha* também marcava – finalmente! – o fim do longo contrato de cinco anos com a L. C. Page & Company. Eles haviam rejeitado um volume de seus poemas de guerra, mas outra editora demonstrou interesse. Talvez, enfim, sua carreira de escritora desse uma guinada.

No dia 7 de outubro de 1915, dez dias antes do esperado, Maud deu à luz um saudável menino de 4,5 quilos. Recebeu o nome de Ewan Stuart Macdonald, mas era sempre chamado de Stuart. Meia hora depois de nascer, o garoto ergueu a cabeça e olhou em volta "com os olhos abertos e brilhantes". Essa qualidade de inteligência e esperteza provaria ser verdadeira durante toda a sua vida; Stuart era o queridinho da família, bonzinho e tranquilo. Nunca poderia substituir o bebê que morrera, mas dava a Maud mais um motivo para superar a tristeza e a ansiedade daqueles anos.

Enquanto isso, a guerra na Europa chegava mais perto. O meio-irmão mais novo de Maud, Carl, filho do segundo casamento de seu pai, foi ferido em batalha e deixado para morrer no frio intenso por dezoito horas. Em consequência disso, perdeu uma perna. Era muito parecido com Hugh John, tanto na aparência quanto na personalidade gentil, e Maud o amava profundamente. Dizia que Carl era "filho do pai e meu irmão por inteiro".

O ano seguinte trouxe uma série de doenças para a família. Stuart não crescia tanto quanto deveria. Chester, um bebê sempre saudável e tranquilo, começou a ter um problema de saúde após o outro. Dormia mal e passava mal do estômago. Maud contraiu uma gripe, e Ewan adoeceu com uma crise de bronquite e laringite. Como sempre, Maud colocava um sorriso sobre suas preocupações, "uma máscara e... uma animação que estou longe de sentir".

Como presidente da Cruz Vermelha, Maud forçou-se a sair da cama e ofereceu uma "festa da torta". Nos velhos tempos, ela ganhara apostas dos homens mais bonitos da cidade, e a recompensa era comer uma torta em companhia deles. Agora a aposta era com "um garoto adolescente que não dizia uma palavra e para quem eu também não conseguia dizer uma palavra". Comeram a torta em silêncio, e Maud sentia "como se cada garfada fosse me sufocar".

Ela descobrira fios brancos entre os escuros. Sempre achara bonito cabelos grisalhos... nos outros. Agora, sua idade parecia mais um sinal de perda. Seus ganhos haviam caído nos últimos anos. O salário de Ewan nunca fora alto. A família dependia muito da renda de Maud, e, com dois filhos pequenos e um marido cujas ambições pareciam fadadas a fracassar a cada passo, ela não podia diminuir o ritmo nem por um instante.

Os fundos de Ewan para uma missão estrangeira estavam longe de alcançar a meta. Maud continuava sendo a principal benfeitora do marido. Previra, acertadamente, que os fazendeiros de Ontário não se comoveriam com os apelos para enviar dinheiro a lugares longínquos. A carreira de Ewan estava estagnada. Ele não recebeu nenhuma proposta para ser pastor em Toronto, nem em nenhum outro lugar.

As pessoas que ficavam conhecendo Ewan nessa época o descreviam como reservado e difícil de interpretar. Como acontecera na Escócia, Ewan considerava seus fracassos como uma maldição de Deus. Esta linha de pensamento o deixava deprimido de vez em quando. Ele ajudou a fundar um comitê de guerra destinado a ajudar famílias enlutadas, mas seu próprio estado de espírito era normalmente perturbado, e ele se tornava cada vez mais silencioso e retraído, tanto em casa quanto na igreja.

O mundo de Maud girava em torno dos filhos, de seu trabalho e da guerra. Colocou um mapa da Europa na casa e lia três jornais todos os dias. Em novembro de 1916, seu primeiro livro de poemas de guerra, *The watchman and other poems* (*O vigia e outros poemas*), ficou pronto. Praticamente o único alívio daquele ano foi quando Frede chegou para uma preciosa visita de Natal e então a casa resoou com risos.

Em 1916, Maud voltou à sua personagem Anne, porém com outra editora. Em Toronto, conheceu o editor da McClelland, Goodchild & Stewart, uma empresa canadense de publicações. McClelland não só publicou *The watchman*, como também Maud prometeu a eles seu próximo romance, *Anne e a casa dos sonhos*. Esta era sua obra de ficção mais sombria até então, sobre a amizade de Anne com sua misteriosa vizinha, Leslie Moore. Leslie estava aprisionada em um casamento sem amor com um homem paralisado por problemas físicos e mentais. No final, ela descobre que estava casada com um estranho disfarçado de seu noivo, e finalmente se liberta. A trama sem dúvida reflete algumas impressões de Maud sobre seu próprio casamento conturbado. Ewan também não era o homem que parecia ser – mas ela não encontraria uma saída fácil.

Para Maud, escrever era um ato de preservação. "O mundo nunca mais voltará a ser o mesmo", confidenciou em seu diário. "Nosso velho mundo morreu para sempre." No entanto, esse mundo desaparecido é revivido em

Anne e a casa dos sonhos, um livro que explora o significado de amizade, de resgate e de encontrar um lar. A história é profundamente enraizada na Ilha do Príncipe Edward e celebra a alegria de pertencer a uma comunidade unida, mesmo quando Maud lamentava sua perda.

Maud começou a escrever nessa época um pequeno livro de memórias, escrito em uma sequência de artigos para uma popular revista feminina. Estes artigos foram publicados posteriormente em um livro, *O Caminho Alpino*. O livro de memórias se concentra quase unicamente na carreira de escritora de Maud. Ela conseguiu esquivar-se de escrever sobre seu casamento, focando em vez disso na infância, nos antepassados, na Ilha do Príncipe Edward e em literatura. Embora tivesse amado Herman Leard apaixonadamente, escreveu em seu diário: "Eu nunca fui apaixonada por Ewan". "Gostava" do marido e era grata por ter sido resgatada de uma vida solitária. Mas nenhum destes fatos, declarou, tinha lugar em seu livro de memórias.

Os anos de 1918 e 1919 foram, indiscutivelmente, dois dos piores da vida de Maud. Ela dizia que, depois de 1919, nunca foi inteiramente feliz outra vez. O ano de 1918 começou de maneira aterradora. Certa noite, em janeiro, Maud sentiu um caroço duro no seio. Tinha certeza de que estava morrendo de câncer. Maud não se sentia à vontade para consultar o médico local, com medo de que a mulher fofoqueira dele espalhasse a notícia. Em vez disso, foi a um médico em Montreal, que, depois de uma série de exames, garantiu que o nódulo era benigno.

Maud mal teve tempo de sentir alívio quando a última terrível notícia da guerra se sobrepôs aos assuntos pessoais. Ewan irrompeu porta adentro, perguntando:

– Quer saber da última notícia do *front*?

Um amigo havia escrito para contar que a barreira britânica havia sido rompida e que os alemães estavam lançando cartuchos de armas sobre Paris. Maud quase desmaiou. Se Paris estava perdida, tudo estava perdido. Vários dias se passaram até Maud saber da verdade sobre os fatos. Até lá, andava de um lado para outro na sala, retorcendo as mãos e murmurando:

– Oh, Deus... oh, Deus.

Maud recorreu a comprimidos de Veronal para dormir. Veronal era um calmante hipnótico e barbitúrico, que viciava e era potencialmente mortal. Houve muitas "semanas infernais de altos e baixos" no *front*, quando Maud parou de comer, mal dormia e dependia fortemente dessas pílulas.

Nem a visita à Ilha do Príncipe Edward naquele verão conseguiu animá-la. Maud sentia falta dos jornais e perdeu o contato com o mundo. Mudanças estavam acontecendo em sua amada Ilha. O lindo bosque atrás da escola fora derrubado. Os automóveis haviam chegado, com o fim da proibição na última província canadense que finalmente cedera, trazendo ruído e poeira. Em Cavendish, Maud encontrou uma de suas colegas de escola, Lizzie Stewart Laird, em uma condição terrível. Lizzie havia passado um ano em um manicômio e alguns outros lutando contra uma doença mental. As duas antigas amigas trocaram palavras amáveis, mas Maud ficou arrasada. A Lizzie que ela conhecera quando criança não existia mais.

Durante essa mesma visita à Ilha, Maud voltou mais uma vez à casa dos Macneills. Mas não havia um luar encantador para suavizar o cenário dessa vez – em vez disso, encontrou apenas "um total e lamentável desolamento". Tio John havia deixado a casa apodrecer e ruir. A porta da frente estava amarrada por um fio de arame.

Maud fez o que nunca imaginara fazer novamente nesta vida – entrou na casa dos avós. Parou na cozinha e imaginou-se de volta ao passado. Ignorando o cheiro da decadência e abandono, foi até a sala de estar e a de jantar e começou a subir as escadas para seu antigo quarto, aquele "reino ilimitado" de sua juventude. Mas parou na soleira da porta. Seu precioso quarto estava cheio de "fantasmas – fantasmas solitários e famintos". Essas visitas eram muito estranhas, um misto de doçura e amargura. "Não voltarei mais", jurou.

As sombras se aproximavam, e nada as afastava. Naquele mês de julho, Maud ajudou a organizar um jantar em Park Corner. Foi uma reunião jovial, incluindo o irmão de Frede, George, a esposa dele, Ella, e o filhinho pequeno, Georgie; tia Annie; Maud, Stuart e Chester; e outros. Maud fez uma contagem e chegou ao total de 13. Brincando, disse que era o número do azar, mas imediatamente se arrependeu, pois Ella estava grávida e se sentindo mal e doente. Para consertar seu erro, Maud disse sorrindo:

– Frede, você foi a décima terceira a se sentar... o azar deve ser seu.

Frede se levantou imediatamente da mesa e recusou-se a se sentar de novo. Não importava quanto os outros a provocassem e pedissem para ela voltar, Frede jantou na varanda. Naquela noite, Maud e Frede ficaram acordadas até tarde, conversando e fazendo confidências, e todas as preocupações – incuindo o número 13 à mesa – foram esquecidas. No entanto, ao despedir-se dos Campbells uma semana depois, ela soluçou incontrolavelmente, "como se achasse que não voltaria a Park Corner outra vez".

Em vez disso, Park Corner foi visitar Maud, na pessoa de tia Anne. Maud ficou encantada por ter companhia, uma alegria que se tornou ainda mais doce no dia 6 de outubro de 1918, com a notícia de que Alemanha e a Áustria finalmente haviam se rendido, marcando o fim da terrível guerra. A data, Maud declarou, "deveria ser escrita em letras maiúsculas... de ouro!" Ficou tão empolgada que chamou todas as amigas da cidade e correu para o lado de fora para hastear a bandeira.

– Sente-se um pouco, menina – disse tia Annie calmamente.

Conforme o outono se transformava em inverno, Maud adoeceu com a gripe espanhola. Quase teve pneumonia e ficou vários dias de cama. Enquanto estava doente, chegou uma carta de tia Annie contando que seu único filho homem, George, um dos treze comensais sentados à mesa do azar, havia morrido. Logo em seguida veio outra carta, acrescentando que o pequeno Georgie, filho de George e Ella, também havia sucumbido à gripe mortal.

Ella e tia Annie estavam doentes de choque; as outras crianças estavam com a gripe. Frede voltou às pressas para casa para cuidar das coisas. Mais uma vez, Maud acorreu para ajudar a prima. Quando chegou, todos estavam acamados, menos Frede. As duas ficavam acordadas a noite toda, "lavando a alma".

Park Corner estava enfrentando tempos difíceis, emocional e financeiramente. As duas primas, Maud e Frede, juntaram-se para pensar, da maneira mais calma possível, sobre o que fazer. Limparam e desinfetaram a casa. Depositaram suas esperanças para o futuro de Park Corner no mais jovem dos Campbells, Dan, "um rapaz bom e inteligente, trabalhador, econômico... uma renovação da estirpe dos Campbells". Maud havia emprestado dinheiro ao falecido primo George e jurou não cobrar nem um vintém de juros. De alguma forma, Maud e Frede prometeram uma à outra, elas conseguiriam superar aquilo.

No final do Dia do Armistício, 11 de novembro de 1918, Frede e Maud caminharam juntas no escuro pela margem do Lago de Águas Brilhantes. Agora que a guerra acabara, em breve Frede se reuniria ao seu marido Cam, que estava no exército. O noivado e o casamento de Frede naquela primavera haviam acontecido em um período de seis horas – tão subitamente que Maud ficara "perplexa, estupefata e sem palavras". Ainda não conhecia o marido de Frede – na verdade, nem a própria Frede o conhecia.

Maud receava que sua melhor amiga tivesse se casado precipitadamente e viesse a se arrepender. Desde a febre tifoide, o coração de Frede estava fraco. "Ah, menina Freddie, quero que você seja feliz!", Maud escreveu no diário, naquele dia. "Você teve tão pouca felicidade em sua vida difícil." No final do ano, apesar de todas as recentes tristezas, Maud concluiu seu nono romance, *Vale do Arco-Íris* – um livro efervescente e sonhador sobre os filhos de Anne e seu grupo de amigos. Foi, como escreveu certa vez Robert Frost, "uma pausa momentânea na turbulência".

Mas as trevas pairavam logo adiante. Dois dos treze desventurados à mesa em Park Corner já haviam morrido da gripe. Conforme 1918 chegava ao fim e o novo ano se aproximava, Maud ficou sabendo que sua amada Frede estava outra vez gravemente doente em Montreal, dessa vez com pneumonia. Maud tinha ido em socorro da prima quatro anos antes; acreditava que poderia realizar um segundo milagre.

Chegou a Montreal, exausta, numa quinta-feira à noite. Assim que pôs os olhos em Frede, pálida e imóvel no leito de hospital, soube que dessa vez não havia esperança. Na manhã de sábado, 25 de janeiro, os médicos admitiram que não havia mais nada que pudessem fazer. Frede estava calma, à base de morfina. Ficava murmurando baixinho para si mesma, a respiração rouca e laboriosa. Maud disse a Frede que iria escrever para tia Annie e perguntou se Frede queria que ela transmitisse algum recado à mãe.

– Sim. Diga que quero saber exatamente como está a mão dela – respondeu.

A mensagem de Frede para o novo marido, Cam, era menos "trivial". Desejava a ele "a bravura dos fortes".

Maud reuniu toda a sua coragem para fazer uma última pergunta. Não queria assustar Frede, mas as duas primas haviam combinado, anos antes, que a que morresse primeiro voltaria após a morte para visitar e tranquilizar a outra. Com seriedade e franqueza, Maud pediu a Frede que não esquecesse a promessa.

– Você virá, não?

– Com certeza – disse Frede, em tom de voz alto e nítido.

Foram suas últimas palavras. Ela morreu logo depois do alvorecer, serenamente, "como uma criança cansada que adormecesse".

Frede foi um grande, duradouro e insubstituível amor na vida de Maud. De sua parte, Frede disse a Maud, certa vez, "Não existe ninguém confiável, com exceção de você. Você é a única pessoa que conheço em quem posso confiar totalmente". Maud adorava sua jovem prima. Admirava Frede, sua inteligência, sua força; contava com seu bom-senso, seu bom humor, seu riso e espirituosidade. Ninguém conseguia animar Maud como Frede. Nunca alguém foi tão próximo dela.

Como, Maud pensava, aflita, como poderia sobreviver sem Frede? Imaginava os anos se estendendo vazios adiante, cena após cena de desolação. Não pela primeira vez, a imaginação de Maud trabalhou contra ela. Toda a dor e tristeza que deveriam vir com o tempo, "toda a solidão, a saudade, estavam concentradas naquele momento". Foi uma época "de horror" para Maud, que nunca se reconciliou totalmente com a perda. A guerra finalmente havia terminado, mas Maud não podia ser consolada pela morte de Frede. Onde, perguntava angustiada, "está aquele humor infalível, aquela espirituosidade ofuscante, aquela força terna, aquela personalidade magnética?" Nenhuma resposta a confortava. "Em todas as grandes crises da vida estávamos juntas", escreveu. E naquela, que era a maior de todas as crises até então, Maud estava só.

Mais tarde, naquela primavera, Ewan sofreu seu primeiro esgotamento nervoso completo. Talvez tenha sido uma reação à depressão e desespero da esposa. Talvez tivesse por fim compreendido, com a morte de Frede, que ele e Maud permaneciam fundamentalmente separados. Talvez estivesse afundando em espiral há tempos, despercebido, sem atenção de ninguém e incapaz de se reerguer.

Ewan escondeu sua condição o máximo que pôde de suas duas congregações. Qualquer forma de doença mental era considerada um segredo vergonhoso, na época. Maud escondeu cautelosamente a verdade da condição psicológica do marido. Fazia de tudo para preservar a ideia de que Ewan estava apenas fisicamente doente ou exausto. Às vezes redigia os sermões para ele, e o pobre Ewan os lia aos tropeços, da melhor forma que podia.

Mas, em maio daquele fatídico ano de 1919 – "o ano mais terrível da minha vida", Maud escreveu –, a condição de Ewan era desesperadora demais para poder ser escondida, e também para ficar à vista de todos.

A crise também marcou um retorno dos demônios religiosos de Ewan. Ele estava convencido de que não só ele, mas também Maud e os filhos estavam condenados à punição eterna. Maud sabia que, quando Ewan estava em seu juízo perfeito, não acreditava, mais do que ela, em um inferno antiquado de fogo e enxofre. Mas reconhecia que isto podia ser sintoma de uma verdadeira doença mental e tinha pavor de que a sanidade dele nunca mais voltasse.

Em maio, os Macdonalds deveriam hospedar um grupo de pastores poderosos e influentes, por vários dias. Inicialmente, Ewan parecia bem, jovial até, embora sofresse de dores de cabeça e insônia. Então, de repente, durante plena visita dos pastores, ele entendeu de sair andando sem rumo pelos campos e vielas, tarde da noite. Mergulhou em um silêncio e letargia profunda. Não queria saber dos pastores visitantes. Tudo o que fazia era deitar em sua rede, meditando sobre sua condenação eterna e a dos filhos.

Maud assumiu todas as obrigações sociais, ficando acordada até tarde com os hóspedes. Tentou justificar o comportamento de Ewan como resultado de problemas físicos de saúde. Quando sua prima recém-casada Stella chegou para uma visita inoportuna, escondeu o problema dela também. Pediu a Ewan que parasse de perambular à noite, mas o estado dele continuava a deteriorar. Por fim, numa medida desesperada, Maud o mandou para a casa da irmã dele em Boston.

Lá, os médicos confirmaram os piores temores de Maud. Acreditavam que Ewan sofresse de "insanidade maníaco-depressiva". O horror de Maud indica que, de alguma forma, ela ainda não identificava esse transtorno com suas próprias alterações recorrentes de humor. Começou a planejar um futuro sem ele – precisava providenciar um lugar seguro para os meninos e encontrar um bom sanatório para o marido.

Os médicos sugeriram outra possibilidade: Ewan poderia estar sofrendo de uma doença renal. Maud agarrou-se a isso como algo sobre o que poderia conversar com os outros. Foi recomendado que Ewan bebesse bastante água e foram prescritos comprimidos de cloral para ajudar a dormir. O hidrato de cloral, hoje proibido nos Estados Unidos, era usado naquele tempo como sedativo e indutor do sono – às vezes até como anestésico. Os efeitos colaterais no coração e no sistema renal poderiam ser fatais. Pior, Maud combinou a dose de cloral prescrita com o calmante Veronal, acreditando que ajudaria Ewan a dormir. Em vez disso, o sono dele era agitado, ele se remexia e balbuciava a noite toda, batendo as mãos e falando sem parar, como uma versão monstruosa de seu antigo noivo, Edwin

Simpson. Maud não se atrevia a sair do lado do marido. Enquanto Ewan dormia três ou quatro horas à noite, ela ficava deitada com os olhos abertos.

A condição de Ewan se deteriorou ao longo do verão e outono adentro. Não é de admirar que Maud dissesse que 1919 fora "um ano infernal". Em setembro, Ewan entrou e saiu de um colapso mental completo. Só então Maud percebeu que aquele não era o primeiro surto de loucura de Ewan – ele havia sofrido de melancolia religiosa nas duas vezes em que fora para a faculdade no Canadá e durante a catastrófica viagem para Glasgow.

Nada o animava ou confortava. Era raro que se distraísse por um instante de seus pensamentos soturnos. Não demonstrava interesse por nenhum dos filhos. Na verdade, os meninos faziam seu senso de horror piorar. Chegou a dizer a Maud que gostaria que as crianças nunca tivessem nascido.

Naqueles dias terríveis e solitários, Maud pensava repetidamente na promessa final de Frede de aparecer para ela depois da morte. Até então, essa visita não acontecera. Em uma tarde sombria, Maud estava sentada, olhando para seu gato Daffy do outro lado da sala, e pensou: "Se você está aqui, faça Daffy vir até mim e me beijar". Daffy não era um gato carinhoso, mas imediatamente atravessou a sala, colocou a pata gentilmente em seu ombro e roçou a boca em seu rosto – não uma vez, mas duas. Maud apegou-se a isto como um sinal.

Para Maud, escrever era resgate, fuga, salvação e propósito. Terminou seu décimo romance, *Rilla de Ingleside*, um livro sobre a Primeira Guerra Mundial que dedicou a Frede. Sentia pouco entusiasmo por *Rilla*, que os críticos em geral concordam ser um dos livros mais fracos da personagem Anne, atipicamente sombrio e sentimental. Mas pelo menos a autora ficou contente quando se sentou em 1919 e registrou seus ganhos literários. Maud havia percorrido um longo caminho desde o primeiro cheque de cinco dólares. Ganhou cerca de 75 mil dólares por suas obras – uma fortuna naquela época. Com irônica modéstia, descreveu como "nada mau, considerando meu equipamento inicial – minha caneta e estudo superficial".

Seu filho mais novo, Stuart, também era um conforto, sempre alegre, amoroso e brilhante, ao passo que o irmão Chester, com 7 anos, tinha se tornado uma preocupação. Raramente demonstrava afeição por alguém. Como o pai, era quieto e reservado. Era como o pai em outros aspectos também, parecendo quase totalmente indiferente à beleza da natureza, igual a Ewan, a quem Maud certa vez descreveu como tão "indiferente a ela quanto um cego".

Stuart tinha uma natureza espontânea, fervorosa, e era dedicado a Maud. Era um menino bonito, de cabelos loiros, olhos azuis expressivos e pele rosada. Costumava dizer ao irmão:

– *Você* tem um pai. Esta é minha mãe.

As divisões familiares, futuramente tão profundas e dolorosas, começavam a se formar desde cedo.

Ewan ia tropeçando, mal vivendo um dia após o outro, quando seu bom amigo de longa data, o popular e vigoroso reverendo Edwin Smith, foi a Leaskdale para uma visita. Edwin Smith era para Ewan o que Frede havia sido para Maud. Um amigo de confiança e irmão de clero. Durante todo o tempo em que Maud levava o marido aos médicos, Ewan dizia "Eu preciso de um pastor". Talvez tivesse razão. Como Maud descreveu, "quando ele saiu para encontrar o capitão Smith na estação, era o retrato da infelicidade. Duas horas depois, quando voltou, estava bem". O que quer que o senhor Smith tivesse dito ou feito, tivera um efeito milagroso em Ewan.

Edwin Smith era tudo o que Ewan não era: bem-sucedido, cheio de vida, carismático, jovialmente bonito. Mesmo com cinquenta e poucos anos, não aparentava ter mais de 35. Nas fotografias dos amigos de pé lado a lado, Edwin, o mais velho, parece jovem o suficiente para ser filho de Ewan. Smith também era herói de guerra. Na primeira vez que Maud o viu, uma amiga comentou: "Esse homem é bonito demais para ser pastor".

Edwin Smith despertou o melhor em Maud, também. Tornou-se uma figura masculina do que Frede havia sido – magnético, brilhante, cheio de vida. Maud gostava de suas visitas e chamava Smith de "gênio universal".

No cerne do casamento de Maud e Ewan havia um grande vazio, que Edwin Smith ajudou a preencher. Maud nunca se esqueceu do milagre que ele realizou em setembro de 1919.

Com Ewan se recuperando, Maud finalmente podia voltar a atenção para outras coisas. Problemas estavam surgindo no campo editorial. Agora que a Grande Guerra terminara, ela se via envolvida em um conflito particular com o antigo editor, L. C. Page. Seu adversário era rico e implacável, e ela precisava de todos os recursos, determinação e coragem para enfrentar as batalhas que viriam.

Uma mulher que "não podem ludibriar, intimidar nem persuadir"

Em 1918, Maud recebeu um presente inesperado de Natal. Era um livro de viagem luxuoso, com uma dedicatória de seu antigo editor, Louis C. Page: "Feliz Natal e Próspero Ano-Novo. L.C.P". O presente foi ainda mais surpreendente porque Maud estava no meio de uma ação judicial contra a editora dos Pages – uma batalha legal que acabaria se arrastando por mais de uma década.

Maud havia primeiramente processado um poeta que plagiara seu trabalho em uma revista. Também processou a empresa de Page por causa da omissão de um capítulo em *Kilmeny do pomar*. Ganhara as duas causas e agora se preparava para ir novamente ao tribunal.

Isso requeria coragem. A Page Company – e Louis Page em particular – era um adversário formidável. Muitos autores, especialmente mulheres, simplesmente recuavam diante de sua feroz oposição. Page era uma força a ser enfrentada, pessoal e financeiramente, e Maud admitia que tinha medo dele. Louis Page estava acostumado a controlar suas autoras, alternadamente cortejando, acalmando e ameaçando. Mas, conforme Maud escreveu, ela era uma mulher que os Pages descobririam que "não podiam ludibriar, intimidar nem persuadir".

Louis Page era formado na Universidade de Harvard. Anteriormente, Maud o descrevera como "um dos homens mais fascinantes que já conheci". Ele parece ter sido do tipo magnético, ao qual ela era mais suscetível. Tinha olhos verdes e cílios longos e escuros, dos quais tirava proveito. Inicialmente, Maud ficou impressionada com "a aparência distinta e modos encantadores" e também escreveu em seu diário que ele era de "família fina e tradicional". A jovem autora estava deslumbrada com as credenciais de seu editor. Também escreveu, porém, que "a verdade é que eu não confio nele". E no final sua intuição estava certa.

Os termos dos primeiros contratos de Maud com Page eram ruins, mesmo para os padrões da época. Ela recebia somente dez por cento de *royalties* em vez dos habituais quinze por cento, e isso com base no preço de venda por atacado em vez do preço de varejo. Repetidamente, Maud fracassava em aumentar a taxa de *royalties*. Mas em 1915 conseguiu cancelar a cláusula que garantia a Page os direitos sobre todos os seus livros futuros, libertando-se disso, ou assim ela acreditava. Com a publicação de *Anne da Ilha*, o contrato de Maud com Page expirou. Mas Maud previu problemas à frente e ingressou na recém-formada Liga de Escritores da América, como uma precaução extra.

Enquanto isso, ela havia vendido os direitos de seu próximo livro – *The watchman and other poems* – à empresa canadense McClelland, Goodchild & Stewart. McClelland também concordou em atuar como agente literário de Maud nos Estados Unidos. A Page Company ameaçou furiosamente entrar com uma ação contra esses arranjos, mesmo tendo rejeitado o livro de poemas.

Foi aventada a possibilidade de a Page Company trabalhar conjuntamente com a McClelland. Mas era impossível lidar com Louis Page. Primeiro ele declarou que não faria negócio com McClelland. Depois escreveu furtivamente para McClelland querendo retomar as negociações. Mas era tarde demais. Maud já havia assinado um contrato com a editora americana Frederick A. Stokes Company. Os termos deles eram generosos. A Stokes Company concordou em pagar a Maud vinte por cento de *royalties* e cinco mil dólares de adiantamento.

Quando Page tomou conhecimento disso, segurou o cheque do pagamento seguinte de *royalties* de Maud, no valor de mil dólares, alegando que havia um erro no relatório anterior de *royalties*. Também começou a vender direitos de reimpressão sem a permissão dela. Se McClelland tinha se tornado o agente de Maud nos Estados Unidos, Page seria o agente de reedição – ela querendo ou não.

Maud não gostou. Sabia que Page estava retendo injustamente o cheque de mil dólares. Em janeiro de 1919, poucos dias antes da doença final de Frede, Maud viajou para Boston, preparada para enfrentar o primeiro dia no tribunal. Ficou admirada com a aparência envelhecida de Louis Page – além de velho, parecia abatido. O estilo de vida que ele levava, declarou, finalmente cobrava seu preço. Mas Maud achava difícil sentir pena do homem que a mantivera andando em círculos por tanto tempo. Em 1917, confidenciou em seu diário: "Se Page não é um homem honrado, não sou páreo para ele". Agora, dois anos depois, estava determinada a provar o contrário.

Maud era uma boa testemunha. Enquanto Louis Page ficava umedecendo os lábios e mexendo no relógio, ela permanecia calma e controlada. Quando estivesse sozinha no quarto de hotel, choraria depois daquelas horas no tribunal, mas ninguém imaginaria isso vendo-a tão impassível. Tampouco faziam ideia de que ela sempre saía com a sensação de ter "feito um incrível papel de idiota". A voz clara e eloquente gravada nas transcrições a surpreendia cada vez que a escutava. Até o advogado do outro lado a cumprimentou por sua compostura, embora, ela observou com ironia, isso não o impedisse de "me interrogar em seu melhor estilo no banco de testemunhas".

A Page Company estava ansiosa o suficiente para propor um acordo a Maud. Ofereceram dez mil dólares, mas Maud exigiu dezoito mil. Page fez uma contraproposta de dezessete mil. Maud se manteve firme. Recebeu os dezoito mil, mas em meio à comemoração recebeu a notícia devastadora sobre Frede. Partiu diretamente de Boston para Montreal. Por algum tempo, a morte de Frede afastou todos os outros pensamentos.

O acordo com os editores acabou sendo menos vitorioso do que parecia à primeira vista. Maud recebeu de Page 17.880 dólares por *todos* os direitos de suas sete primeiras obras. O que ela não sabia era que Page já estava negociando os direitos de um filme de *Anne de Green Gables* – por quarenta mil dólares.

Se tivesse resistido um pouco mais, Maud teria recebido vinte mil dólares somente por esse primeiro filme. Mas no final nunca viu um centavo desse dinheiro, nem de qualquer outro referente a uma dramatização de *Anne de Green Gables*.

A primeira versão cinematográfica de *Anne* em Hollywood, um filme mudo, foi lançada naquele mesmo ano. Maud se ressentiu da perda de receita, achou o elenco mal escolhido e, por último, mas não menos importante, os produtores tinham acrescentado alguns americanismos ofensivos. Incluíram cenas que não existiam no livro, entre elas uma aventura com um gambá – animal desconhecido na Ilha do Príncipe Edward. Em outra cena, Maud viu uma bandeira americana tremulando sobre a escola de Anne. "Ianqueísmo crasso e flagrante!", comentou, encolerizada.

Se os irmãos Pages – Louis e George – haviam subestimado Maud, ela também os subestimara. Em 1912, Maud tinha submetido histórias aos Pages para seu livro *Crônicas de Avonlea*. Os Pages escolheram as histórias de que mais gostaram e descartaram o resto – ou pelo menos foi o que Maud pensou. Agora descobria que eles haviam feito cópias de todas as histórias rejeitadas e as guardado, e agora pretendiam publicá-las sem sua permissão como *Mais Crônicas de Avonlea*.

Maud já havia usado seleções dessas histórias rejeitadas em outras obras. Se reaparecessem agora, daria a impressão de que ela ficara sem material e estava reciclando trabalhos antigos. E, pior, muitas dessas histórias eram sobre Anne Shirley. Seu novo contrato com a nova editora americana especificava que ela não poderia publicar nada inédito sobre Anne por nenhuma outra editora.

Os Pages escolheram uma heroína ruiva para a capa de *Mais Crônicas de Avonlea*, aproveitando a popularidade de Anne Shirley. No tribunal, advogados e testemunhas passaram horas debatendo a tonalidade exata do cabelo da menina da capa, tentando decidir se sugeria tratar-se de Anne. Era cor de cenoura? Ou era mais escuro, puxando para o castanho?

A esta primeira ação seguiram-se outras. Os Pages processaram Maud por "litígio malicioso". Em seguida a processaram por difamação, primeiro na Suprema Corte de Massachusetts e depois, quando esta não logrou, na Suprema Corte dos Estados Unidos. Os custos legais de ambos os lados foram fabulosos – bem como o custo para os nervos de Maud. Ela passou um verão inteiro longe de casa lidando com ações judiciais – perdendo até um aniversário de Chester. Em 1919, estava farta de escrever sobre Anne. Em 1921, publicou o último livro cronológico da série de Anne, *Rilla de Ingleside*, sobre a filha quase adulta de Anne. Finalmente, declarou, tinha "acabado com Anne para sempre". Escreveu para seu velho amigo George MacMillan: "Juro que é um juramento sombrio e mortal". Fazia tempo que Maud queria criar uma "nova heroína", uma façanha que realizou com brilhantismo com a personagem de Emily Starr, a jovem aspirante a escritora de *Emily de Lua Nova*.

Emily Starr lembra sua criadora, L. M. Montgomery – e sua criação anterior, Anne – em muitos aspectos. Como Maud, Emily mora com parentes idosos; usa papel de correio para escrever suas histórias; é franca, imaginativa e amante da beleza. Emily, porém, tem um lado mais cortante que Anne Shirley: é mais espinhosa e menos inocente. Os leitores acolheram *Emily de Lua Nova*, e os críticos elogiaram o livro como a melhor obra de Maud desde *Anne de Green Gables. Emily* foi dedicado ao leal amigo de correspondência de Maud, o escocês George MacMillan, "em reconhecimento de uma longa e estimulante amizade".

Não foi antes do final de 1928 que o último dos processos entre Maud e Page foi resolvido. Ao longo dessa década longa e litigiosa, Maud conseguiu, de alguma forma, manter a cabeça fora d'água. Tinha deixado claro que era uma força a ser enfrentada. E, durante as tempestades legais e emocionais, continuou escrevendo e publicando. Publicou outros dois livros de Emily: *A escalada de Emily* e *A busca de Emily*, embora, como sempre, sentisse que as sequências eram mais fracas que o original. Ela gostaria de ter mais tempo para escrever seus livros mais devagar e com planejamento. Mas, conforme confidenciou a MacMillan, "Não posso me dar ao luxo de negligenciar o público. Preciso cuidar dele por um tempo".

A Page Company havia custado a Maud – e a eles próprios – milhares de dólares em despesas legais, cada um dos lados acreditando que conseguiria resistir por mais tempo. No final, Maud triunfou. A opinião pública voltou-se lentamente, porém com firmeza, contra Louis Page e suas negociações desleais. Quando a renomada loja de departamentos Wanamaker's parou de vender os livros da editora de Page, Louis Page finalmente chegou ao seu limite. Maud previa que isto iria acontecer, embora nunca tivesse imaginado que os enfrentamentos no tribunal seriam tão acirrados nem que durariam tanto tempo. "Eu vencerei porque posso perder, e os Pages não podem", escreveu em seu diário.

Ela prevaleceu onde outros escritores teriam cedido muito antes. A famosa teimosia dos Macneills a manteve firme durante aqueles anos de contenda.

Enquanto isso, Ewan continuava enfrentando sua batalha mais pessoal contra a doença mental. Lutava contra a depressão crônica e os recorrentes surtos de terrores religiosos paralisantes. Misturava pílulas para dormir com brometos, e sua memória já fraca começou a abandoná-lo. Às vezes simplesmente não conseguia desempenhar suas funções. Dormia das oito horas da noite até o meio-dia. Maud tentava substituí-lo o máximo possível.

Chester, o filho primogênito, tão querido e amado, tinha se tornado uma criança problemática. Tinha problemas constantes na escola, com amigos, com as empregadas domésticas e especialmente com meninas. Maud inventava desculpas, culpando os outros pelas confusões, mas até ela começou a ter dúvidas.

Havia decepções também no campo literário. Um novo tipo de ficção cosmopolita e realista, mais "séria", estava agora em voga. Os críticos mais influentes do Canadá rejeitavam os livros de Maud. William Arthur Deacon atacou suas "séries de histórias açucaradas de meninas". Maud era deixada de fora de eventos públicos e expulsa de comitês. Já não se sentia bem-vinda na sociedade literária de Toronto.

Mas ainda havia recompensas e alegrias para animar Maud nesse período. Stuart, o filho mais novo, era bem-sucedido em tudo o que fazia – colégio, esportes, amizades. A companhia doce e calma de Stuart compensava a falta de companheirismo que ela sentia com o filho mais velho e o marido.

Em 1923, Maud tornou-se a primeira mulher canadense a ser admitida na British Royal Society of the Arts (Sociedade Real Britânica das Artes). Acumulava milhares de leitores leais a cada novo livro. Foi convidada para conhecer o príncipe de Gales e recebeu uma carta elogiosa de ninguém menos que o primeiro-ministro britânico Stanley Baldwin, remetida do famoso endereço n.º 10 de Downing Street.

Mesmo quando tinha a casa cheia de visitas, parte da mente de Maud estava sempre ocupada com o que estivesse escrevendo no momento. As visitas testemunhavam esses misteriosos diálogos internos. Às vezes ela ficava parada, imóvel, ria alto como que surpresa e murmurava:

– Sim, é isso que vou fazer! É *exatamente* isso que vou fazer.

E afastava-se apressada para anotar uma frase ou cena. Tinha sempre caderno e caneta no bolso do avental para estas pequenas "emergências" literárias.

Em 1922, Maud se apaixonou novamente, talvez pela última vez – mas não por uma pessoa, e sim por um lugar. A família fez uma viagem para Muskoka, a bela região dos lagos cerca de 150 quilômetros ao norte de Toronto. Era um destino de férias bastante popular no verão. À noite a cidade de Bala era iluminada por luzes coloridas, e havia bailes no grande pavilhão de dança. Maud achou que era "o lugar mais parecido com a terra das fadas do que qualquer outro que já tinha visto", com dezenas de ilhotas, lagos, um rio, uma enseada, bosques densos e charmosos chalés de veraneio.

John Mustard – que no passado havia sido professor, pretendente e nêmesis de Maud – tinha construído um chalé logo ao norte de Bala, com seus filhos. Mustard estava tão bonito, jovial, em forma e cheio de energia quanto Ewan Macdonald estava lento, desajeitado e enfadonho. O contraste entre os dois homens deve ter sido doloroso, mas Maud reagiu como sempre fizera a vida inteira, recolhendo-se à sua imaginação.

Naquele verão ela teve um pouco da "doce solidão" pela qual ansiava, quando John Mustard gentilmente levava Ewan e os meninos para um passeio de barco, ou então na pousada onde estavam hospedados, enquanto Ewan acompanhava os meninos até o lago. Maud passou uma noite assim, sonhando intensamente na varanda.

Escreveu para George MacMillan contando como havia "sonhado com tudo aquilo até o final de setembro". Em sua mente, povoava o lago Muskoka com todos os seus entes queridos. Frede estava lá, é claro, e tia Annie, Bertie McIntyre, Ewan e os meninos (em seus sonhos acordada, "Ewan não era pastor!"), e George MacMillan também estava lá. Maud sempre tivera uma capacidade sobrenatural de se transportar de uma situação real para um cenário vívido de sonho.

CASA DOS SONHOS: A VIDA DE LUCY MAUD MONTGOMERY

Agora, na varanda de uma pousada, sonhava com uma vida em um paraíso à beira do lago. Cozinhava e servia refeições imaginárias. Em suas fantasias, George MacMillan, Ewan e os meninos eram surpreendidos por uma tempestade no lago, enquanto ela e Frede seguravam faroletes na praia e esperavam pelo retorno seguro de todos. Podem ter sido "tolos e infantis", ou até "doidos", admitiu, mas os vívidos sonhos de vida de Maud eram como uma segunda existência. E frequentemente proporcionavam um rico material para escrever.

Em 1926, Maud fez outra estreia – publicou seu primeiro romance para adultos, *O Castelo Azul*. É ambientado não na Ilha do Príncipe Edward, mas no distrito de Muskoka Lake. *O Castelo Azul* é um romance irônico, terno, heterodoxo, uma de suas obras mais completas. É um testemunho de seu verão feliz em Muskoka e de sua incrível capacidade de sonhar. Serve também como uma retratação a outro inimigo do passado, o automóvel. Carros não têm "nada de romântico", declarou certa vez, grata por ter sido cortejada na era dos cavalos e charretes. Mas acabou reconhecendo o potencial romântico na velocidade e na fuga – e aprendendo em primeira mão sobre o perigo dessas máquinas inovadoras.

Passando por cima das regras

Em 1918, a Ilha do Príncipe Edward tornou-se a última província do Canadá a legalizar o automóvel, e a simpatia de Maud estava do lado dos teimosos habitantes da Ilha. Adorava percorrer as estradas cobertas de neve e iluminadas pelo luar em uma charrete puxada por um cavalo. Os momentos românticos mais importantes de sua vida haviam acontecido em passeios de charrete – aqueles preciosos momentos roubados quando Herman Leard havia aconchegado a cabeça dela ao ombro dele, e também a noite em que Ewan lhe propusera casamento.

Maud, no entanto, também apreciava movimento e mudanças. Quando fez uma lista de tudo o que mais gostava, em 1920, incluiu "automobilismo e direção", observando que gostava de "uma vida sistemática com ocasionais escapulidas das regras". Ela e Ewan compraram seu primeiro automóvel em 1918 – um Chevrolet de cinco lugares. Até poucos anos antes não se ouvia falar em carros em Leaskdale, e o mero ruído de um era suficiente para que a vizinhança inteira saísse correndo. Em 1918 já eram comuns. Maud ganhou mais de 45 mil dólares em *royalties* naquele ano.

Maud nunca teve coragem suficiente para dirigir; além disso, era uma passageira medrosa. Um amigo da família recordava-se de ver Maud se segurar freneticamente dentro do carro. Ela se descrevia como uma motorista de banco traseiro.

– Eu me contento em ir cutucando o senhor Mac do banco de trás com minha sombrinha se achar que ele está dirigindo a mais de trinta por hora e dizendo "Cuidado" em tom sepulcral quando o vejo se preparar para virar uma esquina.

Ewan era um motorista notavelmente desajeitado. Segundo a biógrafa Mary Rubio, "Ewan não tinha habilidade para nenhuma coisa prática ou mecânica". Tinha dificuldade para se lembrar de que não estava conduzindo uma charrete com cavalo e, quando precisava parar o carro de repente, era bem provável que puxasse o volante e gritasse "Uoa! Uoa!".

Nos primeiros automóveis, a ignição era manual, com uma manivela. Ewan custou a aprender a técnica. Regularmente, um pneu estourava no carro dos Macdonalds na estrada para Zephyr, e não era incomum que um dos eixos caísse. Em 1921, Ewan já havia batido o carro várias vezes, e, embora fossem colisões insignificantes, Maud decidiu que o Chevrolet deles não era robusto o suficiente para aguentar aquele desgaste. Então compraram um elegante carro de passeio da Gray-Dort canadense, que a família apelidou de Lady Jane Grey.

Infelizmente, Lady Jane Grey não oferecia garantia contra acidentes. Um mês depois de comprarem o novo carro, Ewan chegou a um ponto cego em um cruzamento e bateu em um Chevrolet que passava em alta velocidade. Os dois carros sofreram danos, embora ninguém tivesse se machucado com gravidade. Lady Jane Grey teve um eixo entortado, um para-choque amassado e um farol quebrado. O custo dos consertos do Chevrolet foi de 85 dólares.

Os Macdonalds estavam sem sorte. O motorista do Chevrolet era o rabugento e implicante Marshall Pickering, um dos membros idosos da Igreja Metodista de Zephyr. Maud achava que o marido tinha culpa por dirigir desatento, mas Pickering também era culpado por dirigir rápido demais. Os Pickerings insistiam que a culpa era *toda* de Ewan. No dia seguinte, Marshall Pickering foi para o hospital por causa de uma "retenção urinária". (Fazia muitos anos que ele tinha problemas de próstata e já tinha feito tratamento para esta mesma ocorrência médica antes.)

Ewan foi visitar a senhora Pickering para expressar solidariedade por seu marido. Ela fez comentários mordazes sobre a inabilidade de Ewan para dirigir. O pastor então visitou Marshall Pickering no hospital e lá encontrou o filho de Pickering, que contou que o pai já havia agendado uma cirurgia de próstata um mês antes.

Zephyr inteira estava em efervescência com a notícia do acidente. Se os automóveis eram raros, acidentes de automóvel eram mais raros ainda. Por um bom tempo, a colisão dos dois carros era o único assunto da cidade.

Em dezembro de 1921, Maud teve outro daqueles estranhos sonhos proféticos. Dessa vez, ela chegava em casa para descobrir que Ewan tinha se enforcado e voltado à vida. Como em resposta ao sonho, os Pickerings entregaram aos Macdonalds um presente de Natal bizarro: uma carta exigindo quinhentos dólares para pagar a cirurgia de próstata de Marshall Pickering.

Desnecessário dizer que os Macdonalds ficaram estarrecidos – Maud indignada, e Ewan, angustiado. O tom zangado e exigente da carta incomodou a ambos. Se tivessem pedido para pagar o conserto do carro, eles teriam considerado o assunto, mas pagar uma cirurgia de próstata que já estava marcada fazia um mês era algo fora de questão. Ewan ganhava apenas 1.500 dólares por ano pelo ministério nas duas igrejas. Mas Maud era uma mulher rica, e os Pickerings sabiam disso.

Ewan respondeu, explicando que, como a culpa da batida havia sido de ambos, os dois deveriam pagar igualmente pelos danos. E lembrou que os problemas de próstata de Pickering haviam começado bem antes do acidente.

Pickering escreveu de novo... aumentando a exigência para 1.500 dólares! Quando Ewan reagiu – convocando vizinhos como testemunhas, contratando um advogado –, Pickering elevou mais uma vez o valor, cobrando oito mil dólares: mil para a operação, cinco mil pelo transtorno e dois mil para a esposa. Pickering era um homem poderoso, mas impopular. Um dos vizinhos exclamou:

– Oito mil! É mais do que vale a carcaça inteira dele.

No final, o juiz local inexplicavelmente deu ganho de causa a Pickering, determinando que ele recebesse mil para a cirurgia, quinhentos pelo transtorno e mil para a esposa. É verdade que Pickering conhecia pessoas influentes, mas as testemunhas da comunidade se declararam incrédulas.

Essa não foi a única batalha desagradável para os Macdonalds. A ideia de união da igreja estava no ar. Começou com os anglicanos, que propuseram uma Igreja Unida do Canadá. Ao longo das décadas seguintes, a ideia de uma única Igreja Unida ganhou mais apoio, e nos primeiros anos da década de 1920 a união da igreja parecia algo provável de acontecer.

Ewan tinha mais a perder do que a ganhar com a união. Já não era um pastor especialmente popular ou eficiente, estava muito longe de ser aquele rapaz ansioso em busca de uma carreira brilhante. A união das igrejas significaria a consolidação de sacerdócios e perda de empregos. Além disso, já havia um pastor metodista em Zephyr, e não existia garantia alguma de que Ewan seria escolhido em vez dele. Mesmo assim, Ewan comentou com um amigo que não era inteiramente contrário à união, mas que Maud era. Ela temia que a Igreja Unida se tornasse uma grande e impessoal burocracia, "governada por uns poucos no topo". Sempre e firmemente leal, apegava-se à ancestralidade presbiteriana escocesa.

No final, a Igreja Unida do Canadá ganhou os votos da maioria dos congregacionalistas, metodistas e de dois terços dos presbiterianos.

O um terço restante dos presbiterianos permaneceu separado como "Presbiterianos Continuados". Os Macdonalds estavam entre esta minoria, e, como Maud escreveu para MacMillan, a vida "tornou-se infeliz para nós por causa dessa terrível... ruptura em nossa igreja".

Em Leaskdale havia somente uma Igreja Presbiteriana, e a comunidade local apoiava Ewan como pastor. Mas em Zephyr as coisas azedaram. Enquanto Leaskdale votou em peso para permanecer na Presbiteriana Continuada, a comunidade menor de Zephyr estava mais dividida, com 23 votos pela união contra 18 pela continuidade.

Tudo isso deixou um gosto amargo para os Macdonalds. Ewan, em especial, ficou aliviado quando no final de 1925 foi escolhido para liderar uma nova igreja na vizinha Norval. Norval ficava mais perto de Toronto, onde Chester cursava o ginasial em uma escola particular.

Maud e Ewan se alternaram em sérias crises de depressão durante anos, mas ambos esperavam que uma mudança pudesse fazer bem à família. Ewan se sentira momentaneamente energizado pela batalha legal contra Marshall Pickering, mas desanimou quando perdeu a causa. Estava pronto para se mudar, sem arrependimentos. Para Maud, a mudança de Leaskdale para Norval era dolorosa. Havia criado raízes ali; em Leaskdale seus filhos tinham nascido e sido criados. Quando chegou a hora de dizer adeus, chorou até para se despedir dos difíceis congregantes de Zephyr. Ewan, por sua vez, não sentia essa tristeza.

A casa em Norval era uma construção grande e bonita de tijolos, com água encanada e eletricidade. Novamente Ewan serviria duas igrejas locais – uma em Norval e uma em Glen Williams –, mas os fiéis de ambas as congregações eram igualmente amigáveis e bem de vida. A cidade de Norval teve um apelo imediato para Maud, lembrava-a de sua amada Cavendish. Era acolhedora, rural, com natureza abundante e atravessada por um rio, e ficava perto de uma linha ferroviária que poderia levá-la rapidamente para Toronto. Maud contou a George MacMillan, orgulhosa: "É um dos belos locais de Ontário".

Maud se apaixonou de modo especial pela colina coberta de pinheiros, atrás da casa. Contemplar o luar brilhante que iluminava as árvores

CASA DOS SONHOS: A VIDA DE LUCY MAUD MONTGOMERY

preenchia um anseio dentro dela como nenhuma outra coisa desde que saíra da Ilha do Príncipe Edward. A menina ávida por beleza em Maud nunca morrera. Ali em Norval ela encontrara uma beleza natural que nutria sua alma.

A única notícia ruim era que o tesoureiro da nova igreja estava noivo de uma parente de ninguém menos que Marshall Pickering, o motorista adversário de Zephyr. Ewan tinha se evadido do tribunal porque não tinha dinheiro para pagar o exigido – e o tribunal não podia forçá-lo a usar o dinheiro de Maud. Mas, na véspera do dia em que se mudariam para Norval, Ewan recebeu o aviso de que qualquer objeto ou encomenda que fosse enviado por via férrea em seu nome seria confiscado em favor de Marshall Pickering. Rapidamente a família mudou as etiquetas de todas as caixas para "Senhora Macdonald".

No início Maud se sentiu energizada pela mudança. Publicou seus dois romances adultos –*O Castelo Azul* e *The Tangled Web* (*A teia emaranhada*) –, bem como alguns livros infantis: *A busca de Emily, Magic for Marigold, Pat de Silver Bush* e *A senhora de Silver Bush*, uma sequência inteira. Embarcou em um *tour* de leitura para o oeste do Canadá, onde finalmente encontrou seu amigo de tanto tempo Ephraim Weber e esposa. Na região oeste do Canadá, encontrou-se também com a agora casada Laura Pritchard, irmã de seu doce "espírito afim" Will Pritchard, dos tempos de Prince Albert. Maud descreveu o encontro: "Abraçamo-nos e nos beijamos... recuamos... olhamos uma para a outra... e nos abraçamos de novo". Foi uma prova, afirmou Maud, "de que o amor é imortal".

Fazia muito tempo que Maud deixara de acreditar na tradicional vida após a morte cristã. Às vezes insistia que não existia um Deus, somente ciência e "Acaso impessoal e cego". Mas acreditava em reencarnação e em "uma infinita e incessante batalha" entre o bem e o mal. Obviamente, como confessou para Ephraim Weber, nunca falava de suas opiniões heterodoxas em público. "Tenho de ser extremamente cautelosa, pelo bem do trabalho de meu marido."

Maud se envolveu ativamente na nova igreja de Norval. Ainda gostava de "fazer as coisas acontecer", como quando ajudava em eventos teatrais de jovens. Gostava bem menos dos infindáveis grupos missionários, auxiliares, institutos femininos e de ajuda à mulher. "Às vezes fico tão enjoada disso tudo que poderia me enforcar no pé de groselha mais próximo em vez de ir para a próxima missão", admitiu.

Ewan continuava a sofrer crises periódicas de depressão ao longo desses anos, e sua memória piorava. Maud imaginava o que os fiéis pensariam se pudessem vê-lo em casa, apalpando a cabeça, entoando salmos contra a condenação, olhando para o nada com expressão meio assustada, meio perdida. A própria Maud sofria com alterações de humor cada vez piores e ansiedade por causa dos filhos, principalmente Chester, que parecia ser "louco por meninas" desde pequeno e piorava conforme crescia. Chester tinha pouco controle sobre seus impulsos. Suas habilidades sociais, que nunca haviam sido muito sólidas, degeneravam com o tempo.

Chester era inteligente, mas tinha dificuldade para se adaptar a tudo, especialmente aos estudos. Como o pai, estava acima do peso, era desajeitado e pouco atlético. Quando não conseguia ganhar as coisas por meios honestos, ele as roubava – no início eram coisas simples, como biscoitos, ou até mesmo atenção; mas depois passou a roubar dinheiro e coisas de valor.

Tanto Ewan quanto Chester eram estranhamente desprovidos de emoção. Suas reações pareciam anormais para muitas pessoas. Pai e filho eram tão parecidos que entravam em atrito constantemente.

Maud começou a se afligir seriamente com Chester em 1928, mas não sabemos exatamente o que a deixou nesse estado de pânico. Os registros nos diários são deliberadamente vagos. Houve um incidente extremamente constrangedor em que ele se exibiu para uma das criadas da casa, mas Maud manteve o caso em segredo. Seja o que for que tenha desencadeado a ansiedade de Maud, foi "algo sórdido e preocupante, que tornou a vida amarga". Pela primeira vez ela não confidenciou nem mesmo ao seu "livro de reclamações", nem a seus confiáveis amigos de correspondência. Seu hábito de se preocupar obsessiva e secretamente com Chester continuaria até o amargo fim.

Stuart continuava sendo o filho estável e bem-sucedido. Maud começou a descrevê-lo em seus diários como seu "filho bom". Tornou-se medrosa. Stuart e um amigo saíram sozinhos certa noite para patinar no rio congelado e demoraram para voltar. A caçada que se seguiu em busca dos dois garotos – embora com final feliz – deixou os nervos já frágeis de Maud ainda mais esfrangalhados. Numa outra vez Stuart quase se afogou quando a barragem de Norval se rompeu enquanto ele nadava. Depois disso Maud ficou com medo de deixá-lo chegar perto do rio que por duas vezes quase o levara embora.

Quando Stuart foi estudar no colégio interno, Maud sentiu imensa falta dele. "Esta casa fica estranhamente vazia sem a risada de Stuart." Não podia contar com Ewan para ter força, consolo ou companhia. Ao longo dos anos, marido e mulher haviam se distanciado muito.

O ressentimento de Ewan por causa da fama e da popularidade local de Maud aumentava com o passar do tempo. Quando a classe da escola dominical na qual ela lecionava a presenteou com uma cesta de rosas no Natal, o marido virou as costas sem dizer uma palavra. E, apesar de dependerem da renda proveniente do trabalho de Maud, Ewan claramente não era fã dos livros de L. M. Montgomery. Ela escreveu em seu diário: "Ewan secretamente odeia o meu trabalho... e abertamente o ignora".

Cada vez mais Maud passou a contar com a ajuda de empregadas para sobreviver. Dependia das criadas domésticas para tocar sua vida exterior, e ela e Ewan dependiam fortemente das poucas drogas psicotrópicas disponíveis. Infelizmente, a medicina por um lado os ajudava e por outro os prejudicava. Ewan Macdonald estava agora tomando um coquetel potencialmente mortal de tranquilizantes, brometos e pílulas para dormir. A mistura de remédios o deixava sonolento, dispersivo e irritável, além de comprometer ainda mais sua memória já debilitada. Maud também se automedicava com pílulas para dormir e tranquilizantes... e vinho. Em 1930 começou a tomar hipodérmicos, primeiro para alergia, depois para os nervos.

Na época de Maud não havia um conhecimento difundido de condição bipolar; maníacos-depressivos eram orientados a fazer repouso e a evitar coisas que os agitassem ou estimulassem. Virginia Woolf, contemporânea de Maud, recebeu a ordem de parar definitivamente de escrever. Por sorte, o marido de Maud não lhe fez essa exigência, porque poder escrever e escapar para dentro de suas histórias era a única coisa que a ajudava a sobreviver.

Algumas criadas da casa se mostravam mais úteis que outras. Maud passou a gostar imensamente de uma delas, uma moça animada e alegre chamada Elsie Busby, mas ficou horrorizada quando certa noite ouviu claramente a voz dela através da grade de aquecimento dizendo que "odiava os Macdonalds". Dias depois descobriu que Elsie tinha vasculhado seus diários. Maud vivia com medo daquele refrão da infância "O que as pessoas vão dizer?". A ideia de que uma empregada conhecesse seus segredos e pudesse revelá-los e divulgá-los a assustava. Demitiu Elsie imediatamente, mas as sucessoras da moça não eram muito melhores. Uma criada chamada Margaret era, segundo Mary Rubio, "excêntrica e taciturna, com poucas habilidades para cuidar da casa e cozinhar". Outra fofocava incessantemente. Mas a esposa de um ministro não podia se dar ao luxo de ser uma patroa exigente ou severa. Às vezes Maud mantinha as criadas simplesmente porque tinha medo de demiti-las.

Chester também criava problemas para a família comportando-se de modo ultrajante com a criadagem. Suas atitudes acabaram tornando-se totalmente bizarras. Quando ele se expôs para uma arrumadeira de quem Maud gostava muito, mãe de uma criança pequena que também morava na casa, Maud declarou que não acreditava na história, mas sofreu demais com o incidente.

A Grande Depressão, que devastou financeiramente a vida de tantas pessoas, também atingiu a família Macdonald. Algumas empresas nas quais Maud havia investido estavam falindo. Em 1930, o valor de um investimento de 14 mil dólares caiu para menos de dois mil. Outro investimento de três mil em uma companhia de seguros de Toronto faliu por completo. No final de 1932, Maud estava datilografando seus manuscritos pela primeira vez em anos, para não ter de pagar uma datilógrafa profissional. Considerando a maioria dos padrões, Maud ainda era rica, mas sofrera perdas sérias e acreditava que sua família estivesse em sérios apuros. Teria dinheiro suficiente para pagar os estudos dos filhos até a faculdade? Acreditara que estavam financeiramente garantidos para quando Ewan se aposentasse, mas o colapso do mercado de ações em 1929 abalou essa segurança.

Os parentes de Park Corner frequentemente recorriam a Maud para pedir ajuda financeira, assim como outros membros da família e amigos. Dos muitos empréstimos que ela fez ao longo dos anos, poucos foram pagos. Até o amável tesoureiro da igreja de Norval pediu dinheiro "emprestado" para equilibrar a verba da igreja, e Maud cobriu a diferença. Trabalhava mais do que nunca produzindo e vendendo histórias. Começou a responder às cartas dos leitores pedindo que deixassem os editores saber o quanto gostavam de seu trabalho e o admiravam.

Também os encorajou a escrever para a RKO Pictures sobre um livro favorito – não *Anne de Green Gables*, claro, de cujos filmes sabia que não veria um vintém. Mesmo assim, ficou encantada quando, em 1934, uma nova versão de *Anne de Green Gables*, aperfeiçoada e "falada", estreou. Maud não teve lucro com o filme, mas gostou bastante. A atriz que fez o papel de Anne até mudou seu nome artístico para Anne Shirley, e posteriormente representou a personagem em outro filme. Maud assistiu ao filme quatro vezes. Quando escreveu para George MacMillan sobre isso, ele respondeu que já tinha visto o filme na Escócia... sete vezes!

Embora os críticos fossem a favor de uma ficção moderna e experimental, a popularidade de Maud entre os leitores continuava. Uma carta carinhosa de um leitor era capaz de salvar o dia, trazendo uma bem-vinda onda de luz e alegria. Mas era frequente ela ser perseguida e incomodada por desconhecidos alegando serem parentes ou amigos do passado e pedindo dinheiro, visitas e autógrafos. Nas raras visitas de Maud a Cavendish, ela era importunada por pessoas que se aproximavam para ver a amada autora que "lhes" pertencia. Não conseguiam entender o desejo de Maud por privacidade ou por um tempo sozinha com a família. Ela escreveu certa vez que "toda criatura estranha" que havia lido *Anne de Green Gables* se considerava seu "espírito afim". Mas uma admiradora superou todos os demais – a excêntrica e determinada Isabel Anderson.

Quando recebeu a primeira carta de Isabel, Maud presumiu, pelo estilo entusiasmado, que se tratava de uma jovem precoce. Respondeu carinhosamente. Ficou surpresa quando soube que a admiradora que havia expressado tanta adoração juvenil era na verdade uma professora de 34 anos de idade. Mas, como Maud havia respondido com tanta simpatia e amabilidade, Isabel Anderson se sentiu encorajada e não parou mais. Enchia Maud de cartas, presentes, convites e telefonemas. Não deu descanso até conseguir, não se sabe como, convencer Maud a recebê-la em casa certa noite, o tempo todo se comportando – conforme Maud observou acidamente – como uma "menina envergonhada, corando diante do namorado".

Isabel começou a aparecer na casa de Maud em Norval sem convite. Ficava amuada e zangada quando Maud não abria a porta, chegando mesmo a ameaçar suicidar-se. Uma amiga da família lembrou que, durante uma dessas indesejáveis visitas, Maud entrou esbaforida na cozinha e anunciou, horrorizada:

– Ela quer ficar de mãos dadas comigo!

Por fim, Maud conseguiu livrar-se de sua perseguidora, que passou a perseguir com igual vigor outros alvos de sua afeição.

Companhia boa e verdadeira era mais difícil encontrar. Maud buscava conforto na companhia de seus gatos. O adorado Daffy havia morrido já fazia alguns anos, e Maud ficou desconsolada.

– Arrume outro gato – aconselhou o insensível Ewan.

Maud não acreditava que conseguisse amar outro bichinho, até que encontrou Good Luck, ou Lucky, como foi chamado. Verdadeiramente um gato com nove vidas, Lucky sobreviveu a uma série de situações de risco, incluindo uma pneumonia dupla.

Enquanto isso, a alegre e divertida Nora Lefurgey Campbell, grande amiga do passado de Maud, mudou-se para perto dela. As visitas de Nora eram uma cura deliciosa para a solidão. "Nossas mentes juntas parecem produzir faíscas", Maud escreveu com entusiasmo. Desengavetou fotografias antigas que ela e Nora haviam tirado, posando em trajes de banho na praia da Ilha do Príncipe Edward. Elas se provocavam e brincavam uma com a outra, citavam Shakespeare ou ficavam sentadas em silêncio apreciando a glória de um "pôr do sol de rosa e ouro escuro". Em uma outra noite, na "hora do azul-violeta", passaram duas horas sem dizer uma palavra, absorvendo a beleza de um pomar de macieiras. Nora proporcionava a Maud um alívio bastante necessário da ansiedade da vida diária.

Em 1931, os Macdonalds souberam que Chester havia sido reprovado em seu primeiro ano de engenharia na Universidade de Toronto e que fora convidado a abandonar o curso. Maud reagiu com histeria, como habitualmente fazia quando algum infortúnio se abatia sobre seus filhos. Chorou pelo caminho inteiro para casa, as lágrimas encharcando a gola do casaco. Sempre tivera tendência para o drama e para sentir tudo de forma muito aguda, mas estas características haviam se intensificado com o passar do tempo. Assim como sua vaidade e seu orgulho também eram exagerados – as duas maldições de sua vida –, a preocupação de Maud com os filhos beirava a obsessão. Quando Chester fracassou na vida, no trabalho e nos estudos, Maud ficou convencida de que o mundo inteiro não falava de outra coisa.

Quando mais notícias perturbadoras de Chester chegaram aos ouvidos de Maud, ela escreveu: "Passei dois dias no inferno. Não vejo como poderei continuar vivendo. Sofri tanto que sinto como se estivesse enlouquecendo.

Tive de fingir para o mundo que estava bem, quando minha alma estava sangrando".

Foi por volta desta época que, segundo Mary Rubio, Maud "deixou seu diário de lado por quase três anos. De 1933 a 1936, só conseguia escrever secamente sobre eventos cotidianos". Suas anotações se tornaram difíceis de decodificar. Não foi antes de 1936 que ela retomou o hábito que havia interrompido naqueles anos perdidos. Em setembro de 1933, escreveu simplesmente: "Outra coisa horrível aconteceu, uma nova preocupação". Ela não explica, mas supõe-se que também tenha a ver com Chester. O nome dele não tinha aparecido na lista de aprovados no exame – uma omissão que foi corrigida no dia seguinte. Ninguém jamais teve o mesmo poder de despertar a mais profunda simpatia de Maud ou de magoá-la. "Sinto", escreveu sobre o filho mais velho, "como se alguma coisa dentro de mim estivesse ferida de morte".

Stuart estava estudando medicina e causando furor como jovem ginasta, ganhando o título nacional canadense de 1933 em ginástica júnior. Maud, porém, mal se deu tempo para comemorar o triunfo do filho. Preocupava-se e irritava-se com a namorada dele, Joy Laird, uma menina bonita e afetuosa que Stuart havia conhecido em Norval.

Para Maud, que sempre havia escrito em suas histórias *contra* a interferência parental nas questões do coração, o relacionamento de Stuart era "uma preocupação nova e aflitiva". Ela fez o possível para acabar com o namoro, escrevendo ao filho mais novo uma carta de repreensão e arrancando dele a promessa de que terminaria com Joy. Não admira que tenha escrito em seu diário: "Não gostei de mim nem um único dia, esta semana". E ainda assim parecia incapaz de controlar o próprio comportamento.

Chester surpreendeu a família em dezembro de 1933 quando revelou que havia se casado secretamente com uma de suas namoradas, Luella Reid, que estava grávida. Luella era uma "boa moça", dedicada ao pai e genuinamente apaixonada por Chester. Mas ele era filho de pastor, e gravidez fora do casamento era um assunto sério. Chester insistia que havia se casado um ano antes, em 1932, mas Ewan ficava repetindo que não acreditava. Claro que Ewan estava certo. De fato, Chester estava mentindo. O jovem casal se casara uma semana antes de fazer a chocante revelação. Cinco meses e meio depois, Luella deu à luz uma menina, também chamada Luella.

Maud passou meses digerindo amargamente a novidade do casamento apressado – e da óbvia gravidez de Luella –, mas, depois que a pequena Luella nasceu, apaixonou-se pela netinha, a quem apelidou afetuosamente de "Puss".

Maud havia prometido à falecida mãe de Luella que cuidaria da filha. Viajou para Toronto, onde o jovem casal havia alugado um apartamento de três quartos, e deu o que julgava serem bons conselhos. Suas sugestões eram extremamente antiquadas. Por exemplo, ela disse à grávida Luella que colocasse um biombo no quarto para que o marido nunca a visse nua. A própria Maud tinha um biombo no quarto. Luella não sabia se ria ou se chorava. Recato era o menor de seus problemas. Chester era um marido infiel e nada carinhoso. Depois de alguns meses de sofrimento, Luella mudou-se de volta para a casa do pai.

O clérigo em Ewan Macdonald via tudo isso como mais uma prova de que estava pagando seus pecados com o filho primogênito. A presença da netinha o deixava com o olhar petrificado. Maud comentou: "Em vários aspectos, Ewan é um homem muito estranho. Mesmo quando está bem, não tem as reações que uma pessoa normal teria". Ewan descobriu que tinha problemas de pressão e coração, e o terror desta notícia o levou a uma depressão ainda mais severa do que qualquer outra coisa que já havia sofrido até então. Maud achava que nada poderia ser pior que o terrível ano de 1919, mas 1934 provou que estava enganada.

Ewan perdeu a capacidade de memorizar os sermões. Lia com voz trêmula em anotações escritas. Em um terrível dia de verão, desabou em pleno culto de domingo. Maud o levou para o Homewood Mental Institution, em Guelph. Ambos – marido e mulher – precisavam urgentemente de um pouco de alívio, Ewan das pressões do sacerdócio, e Maud do fardo constante de cuidar do marido.

Felizmente, Stuart foi para casa naquele verão, e Maud teve a companhia do filho e de seu afetuoso gato Lucky, além das visitas ocasionais da velha amiga Nora Lefurgey, para impedi-la de desmoronar.

Mesmo assim, Maud temia ter um colapso total. "Isto não pode acontecer. O que será de todos nós se algo acontecer comigo?" Stuart cumpriu a promessa de não se casar com Joy Laird, mas isso partiu o coração dele e o de Joy, e Maud achou seu filho mais novo atipicamente distante. Quando ele a beijava, ou fazia chá com torradas para ela, era um evento digno de nota. Maud sonhava acordada com o passado feliz, quando os dois filhos eram pequenos e as necessidades deles eram simples.

Nesse mesmo período, o dom criativo de Maud esmoreceu. A perda de seu "dom de asas" não lhe passou despercebida e foi talvez o mais cruel de todos os golpes. Maud publicou *Pat de Silver Bush* em 1933. Leitores e críticos observaram que Pat é uma das poucas heroínas infantis enfadonhas de Maud. A principal característica de Pat – alguns leitores diriam a *única* – é o neurótico e monótono apego ao lar e seu pavor de "uma coisa terrível chamada mudança… e outra coisa terrível… desilusão". Estes dois elementos – mudança e desilusão – estavam intensamente presentes na vida de Maud. Pela primeira vez, não tinha como escapar deles em sua arte nem transformá-los em ficção.

Ewan voltou para casa do sanatório, só para sofrer um envenenamento acidental no dia seguinte. O médico havia prescrito "pílulas azuis" para ele, mas, em vez do habitual tranquilizante, o farmacêutico pegou um frasco de um mortal pesticida. Ewan imediatamente começou a vomitar e a sentir cólicas estomacais. Somente a presença de espírito de Maud o salvou – e a sorte de o médico local ter o antídoto para aquele veneno específico.

Ewan sobreviveu ao incidente, mas ficou péssimo, fraco e deprimido. Não teve condições de pregar em setembro e outubro, e a igreja deu um ultimato: ou o pastor enfermo recuperava as forças até dezembro ou renunciava. Ewan recebeu tratamento com choques elétricos, além do habitual coquetel de sedativos, hipnóticos e pílulas para dormir. Sua memória estava em farrapos. Entre outros remédios – alguns deles feitos em casa – Ewan estava tomando cloral, Veronal, Seconal, Medinal, Luminal, Nembutal e tônicos contendo estricnina e arsênico. Maud gostava de um remédio conhecido como "pílulas chinesas", que possivelmente continham um opiáceo (semelhante ao ópio). Ewan andava pela casa com um frasco de xarope para tosse com álcool dentro do bolso e tomava goles dessa garrafa o dia todo.

Em fevereiro de 1935, um mal-entendido com as pessoas da igreja de Norval desencadeou o inevitável. Ewan foi chamado para uma reunião especial do dia de São Valentim, na qual, em vez de ser recebido com expressões de amor, foi informado de que os fiéis locais "não queriam ir à igreja por causa dele". O pai de Luella Reid foi um dos homens que o confrontaram. Ficara sabendo que uma carta fora enviada da sede presbiteriana recomendando às igrejas locais que não atrasassem o pagamento do salário dos pastores. Os fiéis tinham certeza de que isso partira de Ewan. Alguma vez o salário dele havia atrasado? Por que Ewan estava colocando as autoridades contra eles?

Eles não haviam se dado conta de que era uma carta formal e genérica, enviada a todas as congregações. Mesmo depois que a verdade foi esclarecida, no entanto, os ressentimentos persistiram. A congregação de Norval insistia que, se Ewan não tinha mais condições de desempenhar suas funções, era hora de sair. Ele havia sido visto andando de carro com a esposa famosa durante os dias em que alegara estar doente demais para pregar. Certamente, todos os comentários sobre os desvios de comportamento de Chester também prejudicavam a reputação de Ewan. Estava com 65 anos, deprimido e exausto, e cansado de lutar.

Anos antes, Maud e Ewan tinham ido assistir a um lindo, porém trágico, filme de guerra chamado *Journey's End*, sobre um homem à beira de um esgotamento nervoso. Maud adorou o filme, mas era tão triste que mal conseguiu ver até o fim. Quando os Macdonalds decidiram mudar-se de Norval, foram para um bairro no extremo oeste de Toronto e se apaixonaram por uma casa na Riverside Drive. Era uma casa cara, mas Maud pagou a entrada e assumiu o financiamento. Ali, pelo menos, finalmente não seria uma casa paroquial que poderia ser tirada deles, mas, sim, uma casa de verdade, "a casa dos seus sonhos". Profeticamente, Maud deu ao lugar o nome de Journey's End.

Fim da jornada

Quase todo mundo que lê a história de Maud Montgomery faz a mesma pergunta: Por que ela não voltou para a Ilha do Príncipe Edward quando finalmente estava livre para ir aonde quisesse? Em uma ida até lá em 1929, ela escreveu: "Somente aqui sou um ser completo. Nunca deveria ter ido embora". Não podemos deixar de pensar o que teria acontecido se ela tivesse saído de Norval e voltado para Cavendish. A própria Maud se perguntava vários "e se...". Escreveu em seu diário: e se tivesse ido para Lower Bedeque antes de ela e Herman Leard estarem comprometidos com outras pessoas? E se *Anne de Green Gables* tivesse sido publicando antes... teria aceitado casar-se com Ewan? E se Ewan tivesse ficado em Cavendish e eles nunca tivessem saído da Ilha do Príncipe Edward?

Claro que Cavendish também havia mudado com o passar do tempo. Em 1935 já não havia uma Igreja Presbiteriana, na cidade – a igreja local tinha se tornado Unida, um fato particularmente doloroso para Maud.

A amada velha casa dos Macneills fora demolida por tio John nos anos 1920. Até a Alameda dos Apaixonados parecia lamentavelmente menor. Os automóveis, por tanto tempo proibidos na Ilha, agora faziam barulho e poeira para todo lado.

Em uma transformação final, o governo canadense comprou a casa de fazenda que havia pertencido aos primos de Maud, David e Margaret Macneill – a famosa casa na qual Green Gables era vagamente baseada. Cavendish havia se tornado um destino popular para os fãs que queriam visitar os locais sobre os quais tinham lido em *Anne de Green Gables*. O governo construiu um parque nacional ao redor da casa dos Macneills, magnífico, com quarenta quilômetros de extensão, contendo praias, dunas, bosques de abetos e incluindo a Alameda dos Apaixonados e o Bosque Assombrado.

Foi um ano de honrarias excepcionais. Maud passou a ser membro da Ordem do Império Britânico. Oficialmente, declarou-se honrada por seu trabalho ser reconhecido pelo governo, feliz porque uma autêntica casa de fazenda da Ilha do Príncipe Edward seria preservada, e as terras ao redor, protegidas. Pelo lado pessoal, lamentava perder a propriedade que um dia pertencera à sua família.

De uma forma estranha, a criação do parque nacional preservou a conexão da Ilha com a obra de Maud ao mesmo tempo que cortou seus laços pessoais. Muitos lugares na Ilha haviam mudado tanto que estavam irreconhecíveis. Maud os havia eternizado em dezenas de belos livros, em centenas de histórias e poemas. Agora tudo que podia fazer era olhar para o futuro e esperar pelo melhor.

Pouco antes de sair de Norval para a última mudança de sua vida, ela teve um sonho com sua casa em Cavendish:

> *Eu estava em casa de novo, no meu querido quarto em Cavendish. Parecia que eu sabia que ia ficar ali. O quarto estava limpo e renovado, com uma linda janela nova. A mobília estava fora do lugar e havia pacotes espalhados por toda parte, mas eu pensei "Logo poderei*

CASA DOS SONHOS: A VIDA DE LUCY MAUD MONTGOMERY

colocar tudo em ordem e ter meu antigo quarto outra vez". Vovó estava lá também, sorrindo e gentil.

Maud teve uma impressão otimista do sonho. Era um sinal, pensou, de que em breve iriam encontrar uma casa de que todos gostassem. Pouco tempo depois, ela e Ewan avistaram uma placa de "Vende-se" na frente de uma casa na Riverside Drive, com pinheiros altos atrás. Os pinheiros atraíram a atenção de Maud. A casa tinha uma lareira na sala de estar e outra na área de recreação, no porão. Havia uma linda janela com caixilho na sala de jantar, o quarto principal era espaçoso, com *closet* e uma vista de onde se tinha um vislumbre do lago. "Eu soube que precisava ter aquela casa. Que lugar para os gatos rondarem!"

Apesar do orgulho ferido de Maud pelo modo como haviam sido forçados a sair de Norval, ela agora tinha um objetivo. E ali escreveria *Jane de Lantern Hill* – um de seus poucos romances ambientados fora da Ilha do Príncipe Edward. A maior parte da história transcorre em um bairro de Toronto como aquele de Journey's End. Jane, a jovem heroína do livro, fica dividida entre o pai e a mãe e os estilos de vida de cada um – um urbano e sofisticado, o outro rural e à beira-mar. O livro evoca as maravilhas de Toronto e da Ilha do Príncipe Edward; é indiscutivelmente a última obra-prima de L. M. Montgomery, um romance de beleza de conto de fadas, anseios e hábil leveza.

A capacidade de Maud para amar estendia-se às pessoas, paisagens e animais – e, entre os animais, os gatos reinavam supremos. Logo antes da publicação do livro, o gato favorito de Maud, Lucky, morreu. Para ela, foi mais do que a perda de um animal de estimação – ela disse que havia perdido seu companheiro de maior confiança. Sofreu com a morte dele como não sofria havia anos. Na verdade, dedicou *Jane de Lantern Hill* "em memória de 'LUCKY', o encantador e querido amigo de 14 anos".

Ao longo da vida, Maud tivera entes queridos cuja presença iluminava seus dias: seu pai, Will Pritchard, Frede, seu filho mais novo, Stuart, e o gato Lucky. Agora, só restara Stuart.

Liz Rosenberg

Maud se preocupava com o relacionamento de longa data de Stuart com Joy Laird e, contrariando seu bom-senso, continuava a se intrometer na vida do filho. Ficou encantada quando ele começou a namorar outra moça, Margaret, em Toronto – e profundamente chateada quando os pais de Margaret influenciaram a filha para romper o romance. A mãe de Margaret, em particular, chamava os Macdonalds de "gente maluca".

E tinham bons motivos para se preocupar com os Macdonalds. Chester continuava a se comportar de maneira que teria deixado horrorizada qualquer família decente de classe média. Ewan, agora aposentado, afastado do trabalho diário e perdido, perambulava por Journey's End, parecendo doente e desleixado.

Stuart fez exames médicos no pai e descobriu que o organismo dele estava perigosamente sobrecarregado por todos os medicamentos que tomava. A combinação imprudente de substâncias haviam causado dano. Normalmente pacífico, Ewan podia tornar-se irascível e até violento. Certa vez apontou uma arma para a cabeça de Nora Lefurgey, depois tentou fingir que era brincadeira.

Chester, o pródigo filho mais velho, continuava a se comportar de forma vergonhosa – assediando mulheres e negligenciando a esposa e a filha, os estudos e o emprego. Sabia ser encantador quando queria, mas tinha um lado sombrio também. Maud sabia que alguma coisa tinha de ser feita para controlar o filho mais velho, mas o quê? Seus apelos, ameaças e conversas sérias fracassavam sempre.

Chester abandonou a faculdade de engenharia para fazer advocacia. O chefe o demitiu por negligência e só o aceitou de volta depois das súplicas e promessas de Maud. Chester e Luella tiveram outro filho em 1936, um menino chamado Cameron Craig Stuart, mas Luella não voltou para casa, e Chester achava bom viver sem mulher e filhos por perto para tolhê-lo.

Começou um longo caso com outra mulher, e seu comportamento se tornava cada vez mais errático. Quando estava animado, vagabundea-va, namorando várias mulheres ao mesmo tempo, perseguindo outras

CASA DOS SONHOS: A VIDA DE LUCY MAUD MONTGOMERY

e participando de encenações teatrais. Quando Maud se mudou para Toronto, o chefe de Chester observou que estava contente por ela vir morar mais perto.

– Poderá ficar de olho em Chester.

Aquilo feriu seu orgulho de mãe, mas sabia que o filho estava fora de controle.

Em janeiro de 1937, Maud encontrou e leu parte do diário de Chester. Não sabemos o que ela descobriu, mas o que quer que tenha sido destruiu sua confiança no filho mais velho. Ela escreveu: "Naquele dia, toda a felicidade abandonou minha vida para sempre. Não pode ser escrito nem relatado, aquele horror indescritível. Oh Deus, como esquecer aquele dia? Nem na eternidade". O que Maud leu criou "uma das situações mais terríveis em que uma mulher poderia ser colocada".

Maud temia que Chester fosse louco. Insinuou sobre segredos obscuros que assombravam a família. Teria alguém tentado fazer chantagem? Não temos como saber com certeza, mas, em março, Maud foi aliviada da pior de suas aflições. Recebeu uma renda inesperada de um de seus investimentos – talvez o suficiente para livrar Chester de seus problemas.

Maud mudou os termos de seu testamento para que Chester não herdasse nada, nem mesmo itens pessoais, a menos que ele estivesse vivendo com Luella quando ela falecesse. Casamento e paternidade, Maud esperava, poderiam estabilizar a vida do filho. Tomou providências para que Stuart fosse seu representante legal, já que Ewan não tinha condição de cuidar de nada.

Quando uma das dores de cabeça crônicas de Ewan atacavam, ele amarrava um lenço na cabeça – um sinal agourento de longas e sinistras horas pela frente. Às vezes cambaleava pela casa com uma bolsa de água quente amarrada na cabeça. Misturando barbitúricos, brometos, tranquilizantes e álcool, além de pílulas à base de ervas e outras, é espantoso que conseguisse sequer ficar em pé.

Em 1937, Ewan foi convidado para pregar na antiga congregação de Leaskdale. Ficou compreensivelmente nervoso com a ideia, mas Maud insistiu. Quando ele disse que sentia que estava morrendo, Maud deu a ele sais aromáticos e sentou-o no banco do motorista. Assim teve início um dos piores pesadelos públicos da vida dos dois. Quando chegaram à igreja de Leaskdale, Ewan já não conseguia falar. Balbuciou palavras incoerentes no púlpito por alguns minutos e depois, confuso e atordoado, voltou a sentar-se. Os fiéis foram gentis, garantindo a Maud que tinha sido bom pelo menos "ouvir a voz dele outra vez". Sem dúvida acharam que Ewan estava no estágio final da senilidade. No trajeto de volta para Toronto, ele se perdeu, dando voltas e mais voltas em círculos, e por duas vezes deixou o carro cair em uma vala. No final, os dois passaram a noite, tremendo, na beira da estrada, apavorados demais para percorrer o resto do caminho para casa.

Fazia tempo que Maud inventava histórias sobre sua vida. Mas a história que agora contava para si mesma era de trevas e desespero: em suas palavras, "inferno, inferno, inferno". O diário, seu confiável livro de reclamações, tornou-se um registro de angústia e lamentos. Cada ano era o "pior" – 1924, 1937, depois 1940-1941. A confissão não aliviava a dor. Pela primeira vez, a narrativa de Maud – pelo menos conforme refletida em seus diários – só piorava as coisas.

É quase inimaginável que tenha permanecido prolífica como era nesse terrível período final de sua vida. Chegou a escrever uma continuação de *Pat de Silver Bush* e começou seu derradeiro livro de Anne, *Anne de Ingleside*, na primavera de 1937. Trabalhou nele o outono inteiro e terminou – seu vigésimo primeiro livro, observou orgulhosa – em dezembro.

Anne de Ingleside nos transporta de volta ao período feliz de quando os filhos de Anne ainda estavam crescendo e vivendo aventuras inocentes. O romance apresenta a difícil, cômica e sempre reclamona tia Mary Maria. Maud revela um ressurgimento de sua antiga imaginação fértil em *Anne de Ingleside*. Personagens excêntricos se destacam, e Anne, Gilbert e os filhos se mostram como personagens totalmente realizados.

Em Ingleside, Anne se torna mulher adulta e mãe. Não é mais a menina inocente e assustada. *Anne estremeceu. A maternidade era muito doce...*

CASA DOS SONHOS: A VIDA DE LUCY MAUD MONTGOMERY

mas terrível. – Fico pensando o que será que a vida reserva para eles – sussur-rou. O livro reflete algumas das lições de vida duramente aprendidas pela própria Maud: "Bem, assim é a vida. Contentamento e dor... esperança e medo... e mudança. Sempre a mudança! É impossível evitar. Você tem de abrir mão do velho e abrir o coração para o novo. A primavera, por mais encantadora que seja, tem de dar lugar ao verão, e o verão, ao outono."

Maud escreveu não apenas esses livros, mas também uma série de pe-ças mais curtas. Nesse mesmo período sombrio, compôs um interessante artigo sobre seus livros prediletos e enviou inúmeras cartas de incentivo a jovens escritores. Mesmo nas profundezas do desespero, estendia a mão para autores aspirantes. Jovens escritores canadenses se recordam de Montgomery como uma mentora gentil e dedicada, sempre disposta a ajudar, editar, apresentar. Não poupava tempo nem problemas em favor dos outros.

Ironicamente, quando seu poder criativo estava retornando, Maud testemunhou uma queda em sua posição literária. Foi excluída do comitê da Associação de Escritores Canadenses. Isso feriu seu orgulho e a fez sentir-se como havia se sentido na juventude, isolada e vivendo em uma província remota. *A senhora de Silver Bush*, uma sequência, foi rejeitada pela Hodder & Stoughton, a mesma editora que havia publicado *Pat de Silver Bush*. Fazia um longo tempo que Maud não vivia a experiência de ser rejeitada por uma editora. Procurou uma empresa menor, a Harrap, e *A senhora de Silver Bush* acabou sendo um sucesso popular. Posteriormente, quando a Hodder & Stoughton escreveu pedindo que escrevesse o próximo livro, Maud recusou categoricamente. Não perdoava nem esquecia com facilidade um gesto de desdém.

Em 17 de abril de 1939, Maud começou a sequência de *Jane de Lantern Hill*, experimentalmente intitulado *Jane e Jody*. Escrever era um alívio e também um sinal de energia renovada. Fez uma última visita à Ilha do Príncipe Edward naquela primavera. Como sempre acontecia durante essas visitas, seu humor ficava mais leve, a caligrafia mais firme. Como o mítico Anteu cuja mãe é a Terra, assim que os pés de Maud tocavam seu solo natal, suas forças se renovavam. Logo, porém, retornou para Journey's End em Toronto, impelida pelo dever para com Ewan e para a vida que a estava matando. Tão hábil em resgatar os outros, tanto na ficção como na vida, Maud fracassou em resgatar a si mesma no final.

O errante Chester foi morar com Luella e as crianças por um tempo, em Aurora, uma cidade logo ao norte de Toronto. Maud deu a ele o dinheiro para comprar uma sociedade em uma firma de advocacia com um advogado chamado Downey. Mas o retorno para casa não significava que Chester tivesse se tornado um marido e pai zeloso e amoroso... longe disso.

Chester ficava na rua até tarde. Negligenciava sua jovem família, deixando de prover até os confortos mais básicos. Luella vestia as crianças com roupas de segunda mão feitas com roupas usadas de Maud e aquecia a cozinha – o único cômodo habitável na casa – com lenha que ela mesma cortava. Chester comia o desjejum em casa – a única refeição que fazia com a família, usando seu casaco pesado e luvas por causa do frio congelante. As crianças se amontoavam em volta do fogo na cozinha. Mas Luella mantinha-se firme, determinada a fazer o casamento dar certo. Até que um dia foi ao médico, só para descobrir que havia contraído uma doença venérea de Chester. Foi a gota d'água. Pegou as crianças e voltou mais uma vez a morar com o pai. Chester foi para Journey's End e passou a morar no porão da casa dos pais.

Houve um acontecimento bom em 1939. Anita Webb, parente distante de Maud da Ilha do Príncipe Edward, foi se juntar à família no mês de junho. Anita tornou-se uma ajudante de valor incalculável e uma companhia bem-vinda, com sua disposição vigorosa e alegre. Anita e Maud trabalhavam bem juntas, nas tarefas mais simples – Anita lavando a louça, Maud secando. Iam juntas fazer compras uma vez por semana na mercearia local e no açougue. Anita era uma firme protetora de Maud e não gostava de Chester, que ela percebia que enganava e abusava da mãe. Um dia ele "pediu emprestado" a cara câmera Kodak de Maud, para no dia seguinte informar que havia sido "roubada".

Casa dos sonhos: a vida de Lucy Maud Montgomery

Em setembro de 1939, foi novamente declarada guerra na Europa. Maud observava o conflito crescente com pavor. Tinha sofrido ao longo de toda a Primeira Guerra, tremendo a cada revés, sonhando com a guerra todas as noites. Havia testemunhado o sofrimento de amigos e parentes que perderam entes queridos.

Agora o perigo estava mais perto de casa. Os dois filhos de Maud estavam em idade de servir no exército. Chester se alistou no serviço militar, mas foi rejeitado por causa de problemas na vista. Stuart se interessava pela marinha e pretendia alistar-se tão logo concluísse a residência médica.

Maud não acreditava que conseguisse sobreviver a uma segunda guerra mundial. Horrorizada, observava Hitler fazer incursões pela Europa. "Um louco está no comando", declarou. Via o mundo como que "deslizando numa avalanche". Neste estado de espírito, tinha certeza de que Stuart seria morto. "Já vi todas as minhas outras esperanças esmagadas e destruídas", escreveu no diário. "Por que esta sobreviveria?". O desespero de Maud se aprofundava em todos os aspectos. A saúde física e mental de Ewan estava tão frágil quanto a dela própria. Ele experimentava "um novo remédio a cada dia e nada fazia efeito".

Talvez o mais devastador dos infortúnios tenha sido o declínio da capacidade de Maud de se expressar em palavras. Este foi o golpe final para uma mente que sempre fora iluminada por uma imaginação radiante. As biógrafas Mary Rubio e Elizabeth Waterston sugeriram que a "verdadeira tragédia ocorreu na vida de Maud quando ela não pôde mais escrever – nem ficção nem diários".

Em 1940, Maud caiu e machucou o braço direito. Alguns anos antes havia machucado o braço esquerdo, mas ficou grata por ainda ter o uso do braço bom. Agora mal conseguia realizar as tarefas mais básicas em casa. Conseguia escrever pouco de cada vez. Tinha dificuldade para dormir e achava que nunca ficaria bem, embora seu médico, doutor Lane, tentasse convencê-la do contrário. Escreveu para seu leal amigo George MacMillan: "Não peço que me escreva até que saiba que estou melhor".

Mas as "cartas sadias" e animadoras dele animavam consideravelmente seu estado de espírito, e ela as lia repetidas vezes.

Chester havia se tornado especialista em manipular a mãe para conseguir o que queria. "Estava sempre atrás de dinheiro", relatou Anita Webb com severidade. Chester agora era o filho mais carinhoso, Stuart o mais reservado. As criadas encontravam Chester no quarto de Maud, com a cabeça deitada no ombro da mãe, enquanto ela passava os dedos por seus cabelos escuros. Há uma arrepiante semelhança nisto com as noites apaixonadas que passava com Herman Leard. Quando Chester precisava do carro para sair pela cidade procurando mulheres, abordava Maud com modos insinuantes e convincentes. Em outras ocasiões – por exemplo, quando precisava de dinheiro com urgência –, ficava agressivo, zangado e ameaçador.

Maud ficava trêmula e assustada, quase irreconhecível de seu jeito habitualmente empertigado e enérgico. "Meu conceito de céu", escreveu no diário, "seria a vida sem medo". Maud se apegou a Anita Webb como uma criança, seguindo-a de um cômodo para outro. Em contrapartida, neste mesmo período, continuava sendo uma oradora pública equilibrada e popular, com um repertório de histórias engraçadas, animadas e brilhantes. Anita ficou impressionada com a diferença gritante entre as duas Mauds, a pública e a particular.

Então, no início de 1942, problemas familiares obrigaram Anita a viajar de volta para Cavendish por algum tempo. Stuart contratou uma enfermeira temporária para cuidar de Maud. Nesse período, Maud mal conseguia se expressar com coerência. Seus registros no diário são escassos e aflitivos. A enfermeira escrevia para leitores e amigos explicando que Maud estava doente demais para se corresponder. Os últimos cartões-postais para os velhos amigos Weber e MacMillan tinham um tom alarmantemente arrasado. Na última carta que escreveu para MacMillan, confessou:

O último ano foi de golpes constantes para mim. Meu filho mais velho arruinou a própria vida, e a esposa o deixou. Os nervos do meu

CASA DOS SONHOS: A VIDA DE LUCY MAUD MONTGOMERY

marido estão piores que os meus. Guardei segredo da natureza de seus surtos por mais de vinte anos, mas eles finalmente me partiram em pedaços. Espero que o recrutamento aconteça logo e que levem meu segundo filho, depois disso desistirei de todo esforço para me recuperar, porque não terei mais pelo que viver.

A palavra que surge repetidamente é *partiram*. Coração partido, espírito partido, tudo partido: um "medo de me partir por inteiro". Maud ainda fazia anotações no diário, mas já não tinha forças para reuni-las em uma narrativa coerente. Como havia feito no terrível período em meados da década de 1930, escrevia notas secas, com a intenção de editá-las mais tarde e deixar a narrativa mais fluente, usando essas notas para reconstruir seus dias. Na metade de abril, havia compilado 175 páginas dessas notas rústicas.

Na primavera, Anita Webb finalmente voltou da Ilha do Príncipe Edward, e sua presença serena foi uma bênção, mas Maud continuava em sua implacável espiral descendente. Seu último gesto conhecido é literário. No dia 23 de abril, pegou seu livro mais recente, uma coleção de histórias chamada *The Blythes Are Quoted* (*Os Blythes são citados*) e enviou o manuscrito ao seu editor.

The Blythes Are Quoted é um livro complexo, dividido – metade se desenrolando antes da Primeira Guerra Mundial, e metade depois. É um dos livros mais experimentais de Montgomery, uma compilação ficcional consistindo de fragmentos de uma narrativa novelística, histórias independentes, passagens descritivas e poemas. Até o final, Maud se expandiu e se testou como artista.

Na manhã de 24 de abril de 1942, o doutor Lane telefonou para Stuart em seu consultório com uma notícia terrível. Anita Webb tinha encontrado Maud em sua cama, com um frasco de pílulas do lado. Não havia possibilidade de revivê-la. Stuart foi imediatamente para a casa dos pais. Na mesinha ao lado da cama estava uma folha de papel com algo escrito, datado de poucos dias antes. O número da página era 176 e estava escrito em uma caligrafia legível e harmoniosa. As palavras eram as seguintes, começando bem calmamente:

Esta cópia está inacabada, e nunca terá um fim. Está em um estado terrível porque escrevi quando comecei a sofrer meu terrível esgotamento de 1942. Precisa terminar aqui. Se alguma editora quiser publicar trechos dela nos termos do meu testamento, devem parar aqui. O décimo volume não pode ser copiado e não deve ser tornado público durante minha vida. Algumas partes são terríveis demais e magoariam pessoas.

O texto continua, em um tom de desespero crescente:

Perdi a cabeça com encantamentos e não ouso pensar o que eu poderia fazer com esses encantamentos. Que Deus me perdoe e espero que todos me perdoem, mesmo que não consigam compreender. Minha posição é horrível demais para suportar, e ninguém percebe isso. Que fim para uma vida na qual sempre tentei fazer o meu melhor, apesar de muitos erros.

Stuart e o doutor Lane acreditaram tratar-se de um bilhete de suicídio. Bastaria ler as últimas duas ou três frases acima para entender seu equívoco. Nenhum dos dois sabia que Maud usava anotações como essa para compor seu diário, e não pararam para levar em conta a data nem o fato de que o número da página era 176. Stuart apressou-se a enfiar o papel em seu bolso. O doutor Lane aconselhou Stuart a cuidar dos pertences pessoais de Maud enquanto ele redigia um relatório para o médico legista.

O escândalo em torno do aparente suicídio de Maud teria sido enorme, por isso a família decidiu guardar segredo. Nesse aspecto, pouca coisa mudou nos últimos 75 anos. Até hoje o suicídio é considerado um assunto vergonhoso, particular. Stuart guardou a nota dobrada e não tocou mais no assunto por mais de cinquenta anos. A reputação do doutor Lane também estava em jogo. Afinal, ele havia prescrito a medicação que matara sua paciente. Ninguém falou sobre o bilhete durante décadas.

Por fim, em setembro de 2008, a família Macdonald rompeu o silêncio. A filha de Stuart, Kate Macdonald Butler, apresentou-se, com a permissão da família, para declarar a morte de Maud como suicídio e para descrever a longa batalha da avó contra a depressão. "Passei a sentir muito fortemente que o estigma em torno da doença mental sempre estará sobre nós como sociedade até que nos livremos do equívoco de que a depressão acomete os outros – e não nós, nem nossos heróis e ícones", Kate escreveu.

Na ocasião da morte de Maud, o relatório do médico legista declarou a morte como resultado de "arteriosclerose e um altíssimo grau de neurastenia". (*Neurastenia* é um termo que abrange uma ampla gama de distúrbios psicológicos e do sistema nervoso). Especialistas e fãs têm discutido as circunstâncias da trágica morte de L. M. Montgomery desde então. E há motivos para não ter certeza.

Maud regularmente misturava remédios, o suficiente para matar uma mulher bem mais forte. Tinha emagrecido bastante em pouco tempo e pode não ter se dado conta de que uma dose que era apropriada para seu peso normal poderia ser letal na condição em que estava. A morte de Maud por overdose pode ter sido acidental ou pode ter sido deliberada. Ela escreveu no diário: "O presente é insuportável. O passado está estragado. O futuro não existe". Seu desespero era evidente. Tampouco Maud acreditava que o suicídio fosse pecado. Décadas antes, havia escrito: "Minha visão em relação a isso é muito semelhante à que encontrei citada em Lecky. 'A vida nos é imposta; não pedimos para nascer; portanto, se ela se tornar um fardo pesado demais, temos o direito de terminá-la'".

Certa vez, depois de uma cirurgia corriqueira, Maud acordou da anestesia dizendo:

– Ah, doutor, o céu é tão lindo, que pena que o senhor me chamou de volta!

Ela andava brincando com a ideia de morte, pensando nisso fazia algum tempo. Uma jovem visitante, poucos dias antes do fim, relatou que Maud disse que "não esperava estar ali" em duas semanas. A declaração deixou a moça confusa, mas era evidente que Maud estava triste a ponto de desejar morrer.

Outros enigmas permanecem sem solução. Por exemplo, o que aconteceu com as outras 174 páginas de seu diário? Elas poderiam lançar alguma luz nas circunstâncias dos últimos dias de Maud. Mas essas folhas desapareceram na época de sua morte e nunca mais foram vistas. É provável que tenham sido deliberadamente destruídas. Sem dúvida continham passagens que seriam especialmente prejudiciais a Chester.

A vida mais recente de Chester foi cheia de problemas e delitos menores – foi preso por estelionato e morreu com cinquenta e poucos anos, de causas desconhecidas e suspeitas. De acordo com os termos do testamento, uma vez que já não vivia com Luella, ele não tinha direito sobre nenhum bem pessoal. Mas sabemos que começou a tirar coisas da casa assim que o corpo de Maud foi descoberto. Levava carregamentos para fora da casa, até que os vizinhos acabaram avisando alguém de lá e as fechaduras foram trocadas.

Tendo vivido por um tempo no porão de Journey's End, Chester provavelmente tinha fácil acesso aos hábitos e esconderijos de Maud. Não estava em casa quando o corpo da mãe foi descoberto, mas teria tido tempo suficiente para dar um fim nas anotações, com exceção da nota final.

Maud certa vez especificara como queria que fosse o epitáfio de Frede em sua lápide: "Após a intermitente febre da vida, ela dorme bem". E acrescentou: "É como eu quero que seja o meu também, quando morrer. E espero dormir bem... porque penso que vou demorar para começar a descansar".

O corpo de Maud foi levado de avião para a Ilha do Príncipe Edward, para ser sepultado ao lado de seus familiares. Ela escreveu certa vez que todo visitante que fosse à Ilha deveria sentir que "eu voltei para casa". Lá, declarou, "compreendemos que a eternidade existe... o que é nosso virá para nós... só temos de esperar".

O corpo de Maud foi velado na casa conhecida como Green Gables e depois levado para a igreja de Cavendish para o funeral, em 29 de abril de 1942. A manifestação local de dor foi imensa. A pequena igreja branca de madeira ficou lotada, com pessoas do lado de fora porque não havia mais espaço dentro. A escola fechou à tarde, e algumas crianças correram para o cemitério. Uma das meninas lembra-se de dizer à mãe:

– Eu li todos os livros dela e a conheço.

Ewan Macdonald, viúvo, estava perplexo e desorientado. A morte de Maud foi um golpe terrível em seu senso de realidade. Ficou irrequieto durante o funeral, andando, choramingando "Pobre Maud, pobre Maud", como um pássaro sem sua companheira. Em outros momentos sua voz interrompia a cerimônia, gritando:

– Quem morreu? Quem morreu? – Em seguida perguntava com voz retumbante: – Quem é ela? Que lástima! Que lástima!

John Sterling, velho amigo de Ewan e o pastor que os havia casado, conduziu o funeral de Maud. Falou de suas realizações pessoais e artísticas, prevendo que as futuras gerações "sentiriam o coração acelerar ao pensar em sua proximidade com alguém que pintou a vida com tanta alegria, tão cheia de esperança, doçura e luz".

No dia do enterro de Maud, a primavera ainda não havia chegado à Ilha do Príncipe Edward. As temperaturas naquele final de abril estavam próximas de zero grau, a neve caía em filetes, branqueando o solo. Quando John Sterling fez os elogios, um vento quente soprou sobre a Ilha e envolveu as pessoas enlutadas. O dia clareou, e os pássaros entoaram seus primeiros cantos de primavera. Maud havia finalmente voltado para casa.

Epílogo

A adolescente Maud que confidenciou com melancolia ao seu diário "Não tenho influência alguma, de nenhum tipo, em nada, nem em parte alguma" tocou o coração de milhões de leitores com suas palavras. E a jovem escritora que comemorou com júbilo seu primeiro cheque de cinco dólares tornou-se uma das autoras mais bem pagas de sua época. Maud temia que sempre fosse viver na pobreza, em quartos alugados; em vez disso, viveu para comprar uma linda casa em um elegante bairro de Toronto. Repreendida quando criança por entregar-se ao hábito de "escrevinhar", acabou por ser uma das mais importantes escritoras canadenses que o mundo conheceu.

A popularidade de L. M. Montgomery continua inabalável. Seus livros venderam milhões de cópias.

Sua obra vive em dezenas de formas – algumas das quais ela própria nunca conheceu nem poderia ter imaginado. Suas histórias foram

CASA DOS SONHOS: A VIDA DE LUCY MAUD MONTGOMERY

adaptadas com sucesso para o palco, para o cinema e para a televisão e estão disponíveis em livros, CDs e DVDs. São inúmeras as discussões sobre seus trabalhos em periódicos dedicados aos seus escritos e em blogues e artigos *on-line*.

Exemplares de *Anne e a casa dos sonhos* foram distribuídos aos soldados poloneses durante a Segunda Guerra Mundial para transmitir coragem e esperança. Suas palavras foram lidas e memorizadas por incontáveis fãs de todas as idades, culturas e origens. Uma menina, confinada à cama em razão de uma doença, contou que leu *Anne de Green Gables* mais de quinze vezes. É, provavelmente, o mais *relido* de todos os romances infantis.

Milhares de turistas visitam a Ilha do Príncipe Edward, todo verão, para prestar homenagem a L. M. Montgomery e sua obra. A falecida autora é o tesouro nacional mais famoso de sua ilha natal. A Ilha do Príncipe Edward estima que 350 mil pessoas visitem Green Gables a cada ano. Kate Middleton, quando recém-casada com o príncipe William, viajou até a Ilha do Príncipe Edward em lua de mel, em homenagem ao livro, citando Montgomery como uma de suas autoras favoritas e mais influentes.

Kate Middleton não foi a primeira visitante ilustre de Green Gables nem será a última. Em 1927, Stanley Baldwin, primeiro-ministro da Inglaterra, escreveu uma carta de admiração para Maud, perguntando se ela estaria na Ilha do Príncipe Edward quando ele fosse lá. "Seria uma enorme honra ter a oportunidade de apertar sua mão e lhe agradecer pelo prazer que seus livros me proporcionaram. Preciso conhecer Green Gables antes de voltar para casa".

Maud leu essa carta enquanto caminhava por sua amada Alameda dos Apaixonados, maravilhada com o fato de aquelas palavras chegarem às mãos da "menininha que andava por ali anos atrás e sonhava... e escrevia seus sonhos nos livros". Nunca havia esperado sucesso – fora criada para não esperar nada. Muitos de seus vizinhos e amigos de infância a enxergavam como um caso de caridade. E no entanto um primeiro-ministro britânico viajara toda aquela distância até sua remota ilha para conhecê-la.

Os livros e os sonhos de Maud permanecem vivos. Suas obras são apreciadas por crianças e adultos no mundo inteiro – são particularmente favoritos entre estudantes japoneses, colegas ilhéus que vivem a meio mundo de distância. Seu trabalho é representado de todas as formas possíveis e imagináveis – animação, quadrinhos, programas de rádio, revistas, filmes e apresentações teatrais. O musical *Anne de Green Gables* foi apresentado na Inglaterra, África, Ásia e América e está em cartaz para plateias lotadas em Charlottetown, na Ilha do Príncipe Edward, há 45 anos.

A minissérie de TV de 1986 *Anne de Green Gables* ganhou o Emmy Award e outras homenagens na televisão, tornando ainda mais populares os já famosos livros de Maud. Dois filmes de TV premiados se seguiram, e depois uma série de televisão de sucesso chamada *A estrada para Avonlea*. Seu livro mais famoso e amado, *Anne de Green Gables*, vendeu mais de cinquenta milhões de cópias no mundo todo e foi traduzido para mais de vinte idiomas.

Maud deixou aos seus leitores um legado de milhares de páginas de belos escritos – romances e histórias, memórias, poesia, biografia e vinhetas. Deixou milhares de páginas de diários e centenas de cartas, vívidas e animadas. Seus escritos pessoais são, de modo geral, tão belos quanto os trabalhos publicados. É espantoso, não que L. M. Montgomery tenha batalhado, mas que tenha se erguido acima de tão longo sofrimento e chegado aonde chegou. Como ela mesma tentou explicar a uma jovem admiradora, a fama e o sucesso não são garantia contra as tristezas da vida. "Que... podem nos isolar dos problemas e preocupações que nos afligem?"

Maud sofria de depressão crônica e, provavelmente, de transtorno bipolar de humor, no entanto produziu vinte romances e centenas de contos, mesmo nos anos mais difíceis e desesperados de sua vida. Para ela, escrever não era um mero passatempo, era um estilo de vida, um modo renovado e renovador de enxergar o mundo. Foi uma oradora notável, professora popular, pioneira em uma área dominada por homens que era

CASA DOS SONHOS: A VIDA DE LUCY MAUD MONTGOMERY

o jornalismo, artesã talentosa, dona de casa eficiente, viajante do mundo e escritora brilhante.

Em seu livro mais famoso, *Anne de Green Gables*, transformou sua história pessoal de abandono em um glorioso conto de amor e resgate. Frequentemente triste, Maud proporcionou riso e alegria às pessoas. Era apaixonadamente amorosa e foi apaixonadamente amada. Suas amizades foram profundas e duradouras. Ela, que se casou tarde e temia nunca alcançar a felicidade doméstica, criou dois filhos. Testemunhou nevascas e dias ensolarados, alvoradas, crepúsculos e luas novas dos quais, alegava, se "lembraria até nos salões da eternidade". Maud achava a vida maravilhosa: até o final, havia coisas para amar e com as quais se encantar. "Felicidade perfeita eu nunca tive... nunca terei", confidenciou ao diário. "Mas houve, afinal, muitos momentos maravilhosos e extraordinários em minha vida."

Cronologia da vida de L. M. Montgomery

1874

Nasce em 30 de novembro, em Clifton, Ilha do Príncipe Edward, filha de Hugh John e Clara Macneill Montgomery.

1876

Mãe morre de tuberculose.

1883

Os irmãos Wells vão morar com os Macneills.
Navio *Marco Polo* encalha perto de Cavendish.

1890-1891

Viagem para Prince Albert, Saskatchewan,
para visitar o pai, a madrasta e a meia-irmã.
Maud destrói os diários antigos e começa novos.
Primeira publicação no jornal de Saskatchewan,
"dia mais orgulhoso da minha vida".

1893-1894

Estuda no Prince of Wales College
e obtém o diploma de professora.

1894-1895

Leciona na escola de Bideford, IPE.

1895-1896

Estuda na Dalhousie University, em Halifax.
Recebe o primeiro pagamento por
seus escritos, um cheque de cinco dólares.

1896-1897

Leciona em Belmont, IPE, e fica noiva
de seu primo Edwin Simpson.

1897-1898

Leciona em Lower Bedeque, IPE; apaixona-se por
Herman Leard; rompe o noivado com Simpson.
Retorna para Cavendish para morar com a
avó Macneill depois da morte do avô Macneill.

1901–1902

Trabalha como jornalista no *Daily Echo,* em Halifax.

1903

Ewan Macdonald começa a trabalhar como pastor presbiteriano em Cavendish; Maud começa a se corresponder com George Boyd MacMillan e Ephraim Weber.

1906

Em segredo, Maud fica noiva de Ewan Macdonald, que vai estudar na Escócia e sofre um esgotamento nervoso.

1908

Publicação de *Anne de Green Gables.*

1909

Anne de Avonlea; Ewan Macdonald aceita o cargo de pároco em Leaskdale, Ontário.

1910

Kilmeny do pomar; L. M. Montgomery conhece o governador--geral do Canadá e a esposa dele em setembro; em novembro, viaja para Boston para conhecer seu editor, L. C. Page.

1911

A Menina das Histórias; avó Macneill morre; Maud se casa com Ewan Macdonald em Park Corner, em 5 de julho; lua de mel de três meses na Escócia e Inglaterra; vai morar em Leaskdale, Ontário, em setembro.

1912

Crônicas de Avonlea; nasce o primeiro filho,
Chester Cameron, em 7 de julho.

1913

A estrada dourada;
viagem para a Ilha do Príncipe Edward.

1914

Primeira Guerra Mundial é declarada; segundo filho,
Hugh Alexander, natimorto em 13 de agosto.

1915

Anne da Ilha;
Ewan Stuart nasce em 7 de outubro.

1916

The watchman and other poems (O vigia e outros poemas).

1917

Anne e a casa dos sonhos.

1918

Termina a Primeira Guerra Mundial;
L. M. Montgomery contrai gripe espanhola; vai para IPE para
ajudar a cuidar de parentes doentes em Park Corner.

1919

"Um ano infernal". Frede Campbell Macfarlane morre de gripe espanhola em Montreal; Ewan sofre outro esgotamento nervoso; *Vale do Arco-Íris*; L. M. Montgomery vende todos os direitos de *Anne de Green Gables* para Page, que imediatamente vende os direitos de filmagem.

1920

Publicação ilegal de *Mais Crônicas de Avonlea*; L. M. Montgomery inicia uma ação judicial de oito anos contra a Page & Co.; *Rilla de Ingleside*.

1922

Acidente de carro em Zephyr; Ewan é processado e vai ao tribunal; férias de verão em Muskoka.

1923

Emily de Lua Nova; L. M. Montgomery é a primeira mulher canadense a tornar-se Membro da Royal Society of Arts da Inglaterra.

1925

A escalada de Emily; unificação da igreja é votada no Canadá.

1926

O Castelo Azul; mudança para Norval, Ontário.

1927

A busca de Emily;
L. M. Montgomery é apresentada ao príncipe de Gales.

1929

Magic for Marigold (Mágica para Marigold); colapso do mercado
de ações afeta as finanças de L. M. Montgomery.

1930

Vai a Prince Albert para reencontrar amigos de 1890.

1931

A Tangled Web (Uma teia emaranhada).

1933

Pat de Silver Bush.

1934

Nasce Luella, filha de Chester e Luella;
Courageous Women (Mulheres corajosas), primeira
incursão de L. M. Montgomery no gênero biografia.

1935

A senhora de Silver Bush; L. M. Montgomery é admitida no
Instituto Literário e Artístico da França; muda-se para Riverside
Drive, Toronto (Journey's End); torna-se oficial da Ordem do
Império Britânico.

1936

Anne de Windy Poplars; Cavendish é escolhida como local para o
Parque Nacional da Ilha do Príncipe Edward.

1937

Inauguração do Parque Nacional em Cavendish;
Jane de Lantern Hill.

1939

Anne de Ingleside; última visita de Maud
à Ilha do Príncipe Edward.

1942

Morre em 24 de abril; é velada em Green Gables
e sepultada no Cemitério de Cavendish
(onde Ewan Macdonald se junta a ela um ano depois).

Referências de fonte

Uma dor antiga

p. 18: "Eu amava meu pai… que conheci": Bolger e Epperly, p. 160.

Conte nove estrelas

p. 46: "muito diferente… se manifestava": Ibid, p. 16.

"Querido Pai" e Prince Albert

p. 58: "Então sussurra… de uma mulher": "The Fringed Gentian." *Godey's Lady's Book,* 1884, vol. 108, p. 237.

p. 61: "Nenhum pai decente… como aquela sozinha": Rubio, *The Gift of Wings,* p. 67.

De volta à casa dos sonhos

p. 117: "Esta manhã... vou parar agora": Rubio, *The Gift of Wings*, p. 112.

p. 119 : "Eu sempre contemplei... luar e pôr do sol": Montgomery, L. "The Gay Days of Old," p. 46.

A criação de Anne

p. 125: "tendo já pensado... os serviço de casa": Gammel, p. 148.

p. 127: "Nunca poderei ser uma grande escritora": Bolger e Epperly, p. 21.

p. 127: "Acho que... e se mostrará": Ibid., p. 9.

p. 127: "um vasto campo... mês de junho": Ibid., p. 9.

p. 133: "a criança mais querida... imortal Alice": Andronik, p. 82.

"Sim, eu compreendo
que a jovem dama é escritora"

p. 142: "A neve caiu... trajeto para casa": Gammel, p. 248.

p. 146: "Se duas pessoas... juntas são excelentes": Bolger e Epperly, p. 32.

p. 147: "A cor é para mim... é uma paixão": Ibid., p. 13.

Passando por cima das regras

p. 191: "Eu me contento... virar uma esquina": Bolger e Epperly, p. 85.

p. 196: "Às vezes fico... próxima missão": Ibid., p. 137.

p. 206: "a casa dos seus sonhos": Rubio, *The Gift of Wings*, p. 444.

Fim da jornada

p. 215: "verdadeira tragédia... nem diários": Rubio e Waterston, *Writing a Life*, p. 116.

CASA DOS SONHOS: A VIDA DE LUCY MAUD MONTGOMERY

p. 216-217: "O último ano... pelo que viver": Bolger e Epperly, p. 204.

p. 219: "Minha visão... terminá-la": Tiessen and Tiessen, p. 105.

p. 221: "Eu li todos os livros dela e a conheço": Heilbron e McCabe, p. 6.

p. 221: "sentiriam o coração... doçura e luz": Ibid., p. 584.

Epílogo

p. 224: "Que... podem nos isolar... que nos afligem?": Rubio, *The Gift of Wings,* p. 584.

Bibliografia

ANDRONIK, Catherine M. **Kindred Spirit**. Nova Iorque: Atheneum Books for Young Readers, 1993.

BOLGER, Francis W. P. **The Years Before Anne**. Prince Edward Island Heritage Foundation, 1974.

BOLGER, Francis W. P.; EPPERLY, Elizabeth R. (eds.) **My Dear Mr. M: Letters to G. B. MacMillan from L. M. Montgomery**. Toronto: Oxford University Press, 1992.

EGGLESTON, Wilfrid. (ed.) **The Green Gables Letters: From L. M. Montgomery to Ephraim Weber 1905-1909**. Toronto: Ryerson Press, 1960.

GAMMEL, Irene. **Looking for Anne of Green Gables**. Nova Iorque: St. Martin's Press, 2008.

HEILBRON, Alexandra e McCABE, Kevin (eds.). **The Lucy Maud Montgomery Album**. Toronto: Fitzhenry & Whiteside, 1999.

MONTGOMERY, L. M. "The Alpine Path: The Story of My Career". Pts. 1-6. **Everywoman's World**, junho-novembro, 1917.

MONTGOMERY, L. M. "The Gay Days of Old." **Farmers' Magazine** 18 (15 de dezembro, 1919): 46.

RUBIO, Mary Henley. **Lucy Maud Montgomery: A Gift of Wings**. Toronto: Doubleday Canada, 2008.

RUBIO, Mary; WATERSTON, Elizabeth. (eds.) **The Selected Journals of L. M. Montgomery**. 5 vols. Toronto: Oxford University Press, 1985-2004.

RUBIO, Mary; WATERSTON, Elizabeth. **Writing a Life: L. M. Montgomery**. Toronto: ECW Press, 1995.

Agradecimentos

Tenho muitas pessoas a quem agradecer pela criação deste livro: autores e estudiosos que ajudaram a pavimentar meu caminho, espíritos afins e colegas admiradores da obra de L. M. Montgomery. Agradeço profundamente ao espólio de L. M. Montgomery por sua amável ajuda e orientação. Obrigada à equipe da Coleção L. M. Montgomery da Universidade de Guelph, que compartilhou seu tempo e recursos, possibilitando o acesso a diários, cartas e artefatos. Agradeço à incomparável Mary Rubio, cuja biografia adulta de L. M. Montgomery foi uma inspiração e que foi tão generosa em doar seu tempo, energia, incentivo e conhecimento.

Sou eternamente grata à minha editora, Liz Bicknell, e à notável equipe da Candlewick Press. A Paul Janeczko, pelas apresentações iniciais. Obrigada ao reitor da Universidade de Binghamton e ao reitor de Harpur College pelo apoio e ajuda, tão oportunos. E, por fim, porém não menos importante, tenho uma dívida eterna de gratidão para com meu falecido marido, David Bosnick, que nos levou nessa viagem pelo Canadá e que, juntamente com minha família, suportou amorosamente todas as horas que passei atrás de portas fechadas, escrevendo.

Nada disso teria sido possível sem a própria Maud. Para citar a autora, "Morta e em sua sepultura, seu encanto ainda é poderoso o suficiente para lançar um véu de brilhante luz do sol sobre um dia cinzento. Obrigada".